电子口岸实用功能

（第二版）

"关务通·电子口岸系列"编委会◎编著

中国海关出版社

图书在版编目（CIP）数据

电子口岸实用功能／“关务通·电子口岸系列”编委会编著．—2版．—北京：中国海关出版社，2014.10
（关务通·电子口岸系列丛书）
ISBN 978-7-5175-0040-7

Ⅰ．①电…　Ⅱ．①关…　Ⅲ．①电子政务-应用-海关管理-口岸管理-中国　Ⅳ．①F752.5-39

中国版本图书馆CIP数据核字（2014）第230879号

电子口岸实用功能（第二版）
DIANZI KOUAN SHIYONG GONGNENG（DI ER BAN）

作　　者：“关务通·电子口岸系列”编委会
总 策 划：谭　宁
策划团队：郭　坤　马　超
责任编辑：马　超
助理编辑：郭　坤
责任监制：王岫岩　赵　宇
美术编辑：张　帆
出版发行：中国海关出版社
社　　址：北京市朝阳区东四环南路甲1号　邮政编码：100023
网　　址：www.hgcbs.com.cn；www.hgbookvip.com
编 辑 部：01065194242-7585（电话）　01065194231（传真）
发 行 部：01065194221/4238/4246（电话）　01065194233（传真）
社办书店：01065195616/5127（电话/传真）　01065194262/63（邮购电话）
印　　刷：北京新华印刷有限公司　经　　销：新华书店
开　　本：710mm×1000mm　1/16
印　　张：13.5　字　　数：204千字
版　　次：2014年11月第2版
印　　次：2015年7月第2次印刷
书　　号：ISBN 978-7-5175-0040-7
定　　价：46.00元

【第一版】

“关务通·电子口岸系列”编委会

“关务通·电子口岸系列”统审组

“关务通·电子口岸系列”编写组

第二版前言

“关务通·电子口岸系列”丛书作为面向广大电子口岸用户，为用户工作和学习提供业务指导的官方图书，自2012年首次出版发行以来，已经进行了五次加印，受到社会各界的广泛好评。

党的十八大以来，在全面深化改革的大背景下，进出口领域改革步伐不断加快，党的十八届三中全会明确要求口岸管理相关部门要实现“信息互换、监管互认、执法互助”。海关也正在加快推进上海自贸区监管服务制度创新、京津冀区域通关一体化、国际贸易“单一窗口”建设、关检合作“三个一”等一系列重大业务改革，这一切都为电子口岸建设创造了全新的发展机遇。在此期间，电子口岸根据中央关于口岸管理工作的新要求，紧跟海关一系列业务改革的步伐，对相关系统功能进行了调整优化，并不断深化应用，优化服务，相继开发了两岸海关原产地联网核查系统、中国香港海关葡萄酒通关征税便利措施网上申报系统等新项目，为加强政府监管、便捷企业通关提供了更加有力的支持。

为了便于电子口岸用户及时了解电子口岸业务及系统操作的变化，中国电子口岸数据中心约请富有一线工作经验的专家，结合当前海关业务改革和电子口岸的最新发展，对“关务通·电子口岸系列”丛书进行了修订，希望能够为电子口岸用户提供具有针对性的通关指导。

本次对《电子口岸实用功能》进行改版，将书籍内容从5章增加至6章，结构更加完整、层次更加清晰。第一章更名为“电子口岸概况”，对电子口岸的产生背景、发展历程、功能、建设成果等进行了补充，新增了通关单联网核查系统、自动进口许可证联网核查系统等部委联网项目建设情况介绍，使读者对电子口岸有更全面、更深入的认识。新版书中将第一版的第二章至第五章分别调整为第二章“电子口岸用户类型”、第三章“电子口岸入网办理”、第四章“电子口岸执法系统”、第五章“电子口岸预录入系统”，并根据目前各系统实际使用情况，对一版内容进行了重新梳理、完善，让章节内容条理更清晰，更利于读者贯通了解。此外，本次改版重点完善了通关无纸化相关的系统，如通关无纸化网上签约子系统、代理报关委托子系统，新增了部分系统介绍，如保税物流申报子系统、运输工具子系统、公路舱单子系统等。同时新版图书对一版中与现有系统不符的相关概念、图片进行了更新，取消已停用系统介绍，如网上支付子系统，新增了第六章“电子口岸建设面临的形势及发展目标”，对电子口岸发展面临的形势和发展目标进行分析，让读者了解电子口岸未来的发展趋势。

改版后，本书一方面加强了对电子口岸系统方面指导性内容的介绍，另一方面加强了对电子口岸作用、权威性内容的叙述，如电子口岸与各部委联网项目的介绍等，让读者对电子口岸有更加深入的了解。

本书紧跟新业务、新系统、新规范，让读者及时掌握电子口岸最新系统情况、操作规程，准确追踪新政策、新热点、新方向，为读者提供权威的、全面的电子口岸介绍，帮助企业少走弯路，准确运用电子口岸相关系统顺利通关。

根据海关总署令第221号《中华人民共和国海关报关单位注册登记管理规定》，自2014年3月13日起所有从事报关业务的报关员更名为报关人员。至此，2005年3月31日出台的海关总署令第127号《中华人民共和国海关对报关单位注册登记管理规定》，同时废止。报关人员是指报关单位向海关备案，专门负责办理所在单位报关业务的人员。本书在编写过程中，考虑到读者的阅读习惯和业内通俗说法，继续沿用“报关员”这一称呼，其含义等同于“报关人员”。特此说明。

本书第一版由中国电子口岸数据中心宁波数据分中心（以下简称宁波数据分中心）编写，改版工作也由宁波数据分中心负责，宁波数据分中心各级领导对本书的编写工作给予了大力支持，提出了很多宝贵的意见，同时中国电子口岸数据中心也提供了技术和业务方面的帮助，在此表示衷心的感谢。

由于时间仓促，本书可能还存在一定的不足和缺陷。欢迎广大读者提出宝贵意见，我们将不断改进和完善，谢谢！关务通邮箱：guanwutong@mail. customs. gov. cn。

编　者

2014 年 7 月

第一版前言

叮铃铃，叮铃铃……

“您好，这里是电子口岸客服中心，由16号为您服务，请问您有什么问题?”

“我是一家刚成立的外贸企业，听说要在你们电子口岸入网以后才能做业务，那我应该办些什么手续?”

……

中国电子口岸数据中心每年会接听60余万个热线咨询电话，咨询有关电子口岸业务入网、变更，以及电子口岸产品使用过程中遇到的各种问题。由此可见，企业迫切需要一套电子口岸方面的教材，以指导其开展日常的进出口业务。为了让广大电子口岸用户更全面、更准确地了解电子口岸，中国电子口岸数据中心特组织编写了“关务通·电子口岸系列”丛书，其作为电子口岸唯一指定的正版官方图书，极具实用性和可读性。

本书是“关务通·电子口岸系列”丛书的指引篇，旨在让广大用户全方位地认识电子口岸及相关流程。

电子口岸是经国务院批准，由海关总署会同14个部委共同建设的跨部门、跨地区、跨行业信息平台。它依托国家信息公共网络，将进出口管理流、资金流、货物流集中存放于一个数据库中，实现进出口相关管理部门间与大通关流程相关的数据共享和联网核查，并向进出口企业提供预录入、报关申报、网上支付、出口退税、信息查询等“一站式”服务的集口岸通关执法管理与相关物流商务服务于一体的大通关统一信息平台。截至“十一五”末，中国电子口岸平台已实现与13个国家主要口岸管理部门、15家商业银行，以及中国香港工贸署、中国澳门经济局和欧盟委员会税收与关税联盟总司的联网，开发联网应用项目23个，累计入网企业66.4万余家，日均处理单证130多万笔，基本实现了大通关关键环节的联网核查和网上办事。

全书从实际应用角度阐述了企业所关心的内容，让读者从认识电子口岸、办理电子口岸业务、使用电子口岸产品的过程中循序渐进地了解电子口岸。书中的操作注意事项“小贴士”，为读者提供了十分人性化的温馨提示，可以帮助企业少走弯路，准确运用电子口岸相关系统顺利通关。

本书作为“关务通·电子口岸系列”丛书中的一本，建议与《电子口岸实务操作与技巧——通关篇》、《电子口岸实务操作与技巧——加贸篇》、《电子口岸疑难解惑400例》配套使用，不仅可以帮助企业全面了解电子口岸的情况，准确操作电子口岸相关业务系统，解决实际难题，而且可供电子口岸工作人员及高校相关专业学生参考。

由于时间仓促，书中难免存在问题，还望读者批评、指正，联系邮箱：guanwutong@ mail. customs. gov. cn。

编　者

2012年11月

目　录

第一章　电子口岸概况

第一节　电子口岸的产生背景及发展历程

电子口岸是经中华人民共和国国务院（简称“国务院”）批准、由中华人民共和国海关总署（简称“海关总署”）会同国务院有关部门共同建设，以口岸通关执法管理为主，逐步向相关物流商务服务延伸的大通关统一信息平台。电子口岸的建设和发展主要经历了三个阶段。

一、信息联网建设阶段

1998 年至 2001 年是以实现中央部门之间互联互通、信息共享和联网核查为主要目标的建设阶段。

1998 年以前，利用假单证、假批文、假印章（简称“三假”）走私、逃套汇、骗退税活动十分猖獗，危害严重。据不完全统计，1997 年全国海关共查获“三假”走私案案值人民币 15 亿元，1998 年达到 21 亿元，特别是 1998 年，受亚洲金融危机的影响，我国外汇流失相当严重，当年我国贸易顺差 435 亿美元，而贸易外汇顺收只有 47.8 亿美元，在国家外汇管理局和海关总署联合开展的外汇大检查中，共查获假报关单 13 874 份，涉及骗汇金额高达 112.43 亿美元。

为了贯彻落实国务院领导指示精神，坚决打击利用“三假”手法走私、逃套汇违法活动，避免国家外汇流失，稳定国内金融市场，海关总署配合外汇、税务管理部门采取了多种防伪措施，如在签发的进出口报关单证上加贴激光防伪标签、加盖防伪印油，与外汇、银行、税务部门合作对进出口报关单进行“二次核对”等。为此，全国海关投入了大量的财力、物力，先后研制了三代防伪印油、二代激光防伪标签，但假报关单仍然层出不穷。面对严峻的形势，按照国务院领导关于“要加快银行、外汇管理局和海关之间的计算机联网，加强对报关单和外汇进出口核销工作的管理，从源头上防止骗汇、逃汇违法活动的发生。要建立海关与外汇管理局之间的双向快速反应数据通信网络，实现售付汇前对进口报关情况的电子核对，推广实施报关单查询系统”① 的指示精神，海关总署联合国家外汇管理局在1998年年底紧急开发了电子口岸第一个跨部门联网核查的应用项目——全国进口报关单联网核查系统，揭开了电子口岸建设的序幕。

二、大通关统一信息平台建设阶段

2002年至2005年，电子口岸建设进入以在电子口岸平台上全面实现各地方、各有关部门联网为主要目标的大通关统一信息平台建设阶段。

2002年5月，国务院领导同志在上海大通关现场会上明确指出，要“加快大通关制度建设，各地、各有关部门要积极创造条件，尽快在‘电子口岸’的大平台上实现联网，形成管理合力”②。2002年6月，国务院领导视察海关总署时又明确指示，要积极推行“政府牵头协调、统一信息平台、手续前推后移、加快实货验放”的大通关制度建设。

上海大通关会议后，各地政府结合本地实际，认真贯彻上海会议精神，特别是一些沿海大口岸所在地政府纷纷提出共建地方电子口岸，建立大通关统一信息平台的要求，并积极探索地方电子口岸建设的发展思路，成立了由省市主管领导挂帅的地方电子口岸建设领导机构，组织协调当地口岸执法管理部门，进出口生产、物流企业，制定总体规划和实施方案，在需要建实体平台的地方还设立了运营实体。在此期间，海关总署先后与深圳、山东、上海等30余个地方政府签署了地方电子口岸建设合作备忘录，并提出“统一

① 此指示精神是1998年10月25日，时任国务院总理的朱镕基同志在国务院召开的八省（区）打击走私骗汇工作座谈会上的讲话。

② 此话引自2002年5月，时任国务院副总理的吴仪同志在上海大通关现场会上的讲话。

认证、统一标准、统一品牌”的原则。其目标是建立包括交通、铁路、民航、港务等部门在内的口岸大通关信息平台，面向企业提供全面政务公开及信息咨询服务，增强政府的综合执法能力，改善地区投资环境，降低企业成本，实现数据共享和联网核查，为地方大通关服务。

三、电子口岸全面发展阶段

2005 年以后，中国电子口岸和地方电子口岸建设进入全面发展阶段。

2005 年 11 月，国务院在宁波召开了“全国地方电子口岸建设现场会”，会议总结了 7 年来电子口岸建设经验，对今后一个时期全国电子口岸建设作了部署。会议要求用 5 年时间，把电子口岸建设成一个门户入网、一次认证登录和全程“一站式”服务的全国统一的大通关平台。

2006 年 5 月，国务院办公厅下发了《关于加强电子口岸建设的通知》，规定了电子口岸建设基本内容、指导原则和发展目标，明确了电子口岸建设的新的领导体制和工作机制。

2006 年 11 月，国务院办公厅下发了《国务院办公厅关于印发国家电子口岸建设协调指导委员会工作制度的通知》，批准了国家电子口岸委组成人员名单，规定了电子口岸委的组成和相关职责。

2012 年 7 月，国务院办公厅印发了《电子口岸发展“十二五”规划》，总结分析了电子口岸“十一五”期间的建设情况和“十二五”时期的建设形势，确定了“十二五”时期电子口岸建设的指导思想、基本原则和发展目标，并明确了重点任务，为电子口岸可持续发展提供了重要依据。

扩展阅读 中国电子口岸数据中心（简称“数据中心”）作为电子口岸主要建设部门，于 2001 年 5 月 18 日经中央机构编制委员会办公室批准成立，系海关总署具有独立法人资格的直属事业单位，主要负责中国电子口岸的环境建设、项目开发、运行维护、技术支持和客户服务等，指导各数据分中心的发展规划、工作制度、系统安全和运行维护工作，并在安全管理、数据标准和身份认证等方面对地方电子口岸建设进行指导。

为促进电子口岸项目在全国顺利推广，保证各项业务正常运行，2002年10月，经中央机构编制委员会办公室批准，数据中心陆续在42个直属海关所在地设立数据分中心，承办本地区电子口岸用户卡的制作，向本地用户提供技术支持和咨询、培训等服务。

数据中心成立以来，在国务院领导的殷切关怀下，在海关总署党组的正确领导下，在社会各界的支持帮助下，坚持“以服务为宗旨，以促进为目的，以需求为导向，以合作促发展”的建设思路，不断强化内部管理和基础建设，打造了一支业务精良、技术过硬的信息化建设队伍；着力提升服务保障能力，全心全意服务于国家宏观经济、海关建设、电子口岸共建部门和广大进出口企业；狠抓运行维护安全管理，实现了信息系统和执法数据的高效安全运转；深入推进电子口岸建设，实现了电子口岸的跨越式发展。

欲获得更多与电子口岸和数据中心有关的信息，请登录中国电子口岸门户网站 www. chinaport. gov. cn（见图 1－1）。

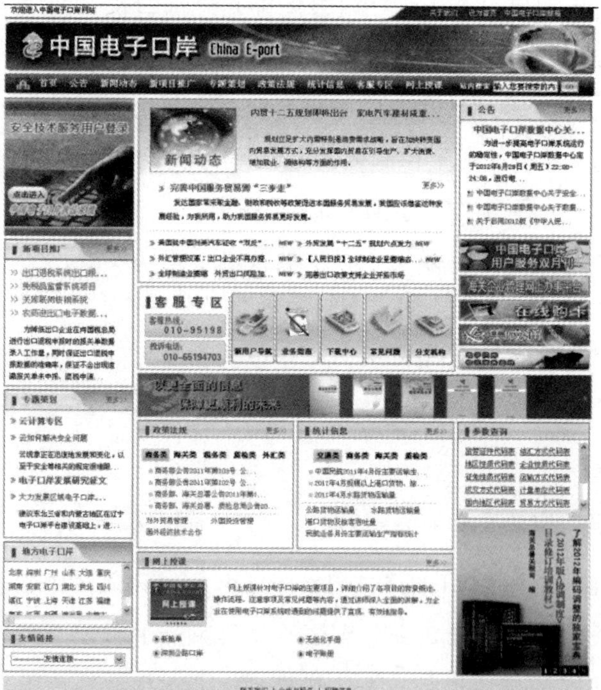

图 1－1

第二节　电子口岸的基本内容和指导原则

一、电子口岸的基本内容

电子口岸的基本内容是建设一个以口岸通关执法管理为主，逐步向相关物流商务服务延伸的大通关、大物流、大外贸的统一信息平台，它的组织框架如图1－2所示。它具体包括两个层面的内容。

一是中国电子口岸建设，即实现国务院各有关部门与大通关流程相关的数据的共享和联网核查。由各有关部门向统一的信息平台提供涉及通关部分的数据和信息，部门自身的其他信息仍保留在各自的信息系统当中。中国电子口岸建设由国家电子口岸建设指导委员会牵头，国务院17个部门共同建设，如图1－2所示。

二是地方电子口岸建设，即地方各有关部门、单位和企业将大通关核心流程及相关的物流商务服务程序整合到统一的信息平台上，实行全国“统一认证、统一标准、统一品牌”。地方电子口岸建设由各地方政府牵头，政府各部门和当地数据分中心共同建设。地方电子口岸是中国电子口岸的延伸和补充。

二、电子口岸的指导原则

电子口岸建设的指导原则是牢固树立和落实科学发展观，以服务为宗旨，以促进为目的，以需求为导向，以合作促发展。坚持“统一认证、统一标准、统一品牌”，实行共建、共管、共享。涉及大通关业务的各有关部门和单位，都要在国务院和当地政府的统一领导下，积极参与电子口岸建设，建立共同管理、协商决策的领导机制和开发运行机构，打通大通关有关业务的电子流程，在互联互通的基础上实现信息资源共享。各地在实体平台建设中应当加强与中国电子口岸的合作，在安全管理、数据标准和身份认证方面接受中国电子口岸的统一指导。

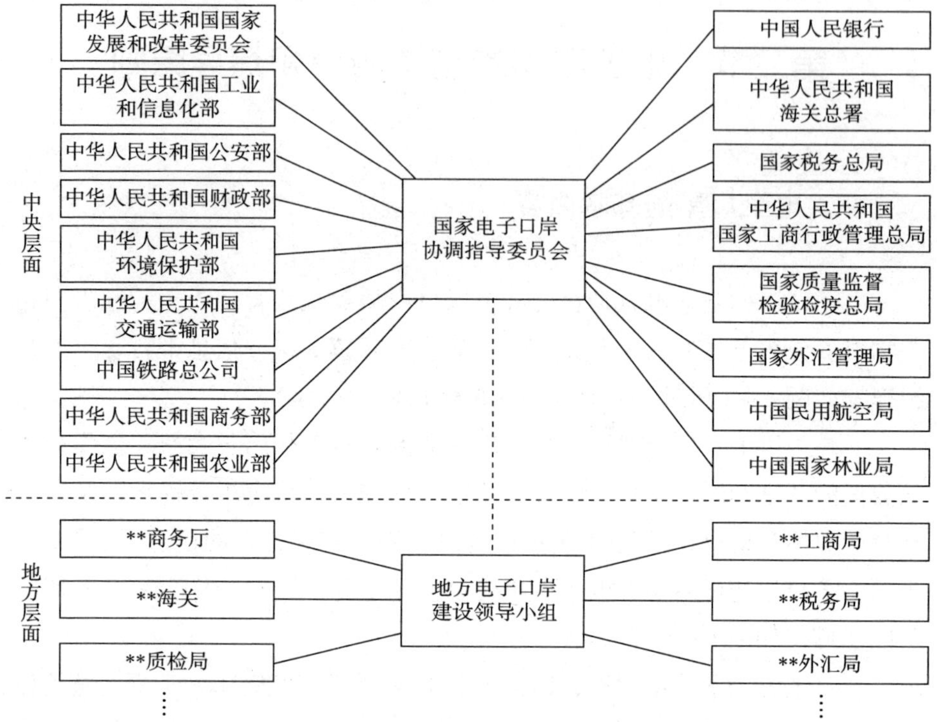

图 1－2

第三节　电子口岸的主要功能及业务概况

一、电子口岸的主要功能

（一）数据交换功能

电子口岸可提供安全、可靠、高效，并支持多种通用标准的数据交换支持服务，包括传输方式标准、交换格式标准等。通过电子口岸平台，政府部门之间、政府部门与企业之间可实现数据交换和共享。数据交换对象包括国家行政管理机关、社会团体、事业单位、国内外企业、驻华使领馆和个体工商户等。电子口岸平台支持 HTTP / HTTPS、SMTP / SMTPS、POP3、FTP / Secure FTP、JMS、MQ Series 等通信协议以及 EDIINT AS1/

AS2/AS3、ebXML、RosettaNetRNIF 1.1/2.0、Web Service 等业务协议。

（二）事务处理功能

电子口岸可根据政府部门和企业用户的需求，提供多种实时在线事务处理服务，如加工贸易、减免税申请、报关单申报、舱单申报、运输工具、深加工结转、无纸化手册、企业管理、保税核查等预录入类应用项目和进口付汇、出口收汇、出口退税、通关单、ATA 单证册申报、CEPA 原产地证明、制卡发卡等联网类应用项目。

（三）存证举证功能

电子口岸可提供有效的服务接口和平台设施，能够支持企业申报数据，支撑政府部门安全、完整的存储和提取执法数据及其电子签名，以保证业务处理的可追溯性和法律上的准确性。根据国家行政管理机关的授权以及数据中心与各用户单位之间签订的协议，数据中心具有电子政务认证资质，以及针对部分联网应用项目存证举证的责任，电子数据存证期为20 年。

（四）标准转换功能

电子口岸可针对不同部门和单位各自拥有的信息系统标准不统一、信息共享难的问题，提供标准、代码转换支持服务，如组织机构代码转换、业务单证代码转换、参数数据代码转换等。

（五）查询统计功能

电子口岸可根据业务数据主管部门或单位的授权，有控制的开放电子口岸所保存历史数据的查询和统计。截至2014 年上半年，可供相关部门查询统计的共享数据包括进出口报关单数据、企业经济户口档案数据、海陆空铁及快件等货运数据。

（六）网络隔离功能

电子口岸可使企业、个人及其他政府部门与海关的联网实现“一点接入”，成为海关内网的网关，并实现海关内网与互联网的逻辑隔离，从而确保海关内网的网络安全性。

二、电子口岸的业务概况

经过十多年的建设，中央和地方两个层面电子口岸建设全面推进，通关环境进一步改善，口岸综合管理和公共服务能力显著提升。

（一）中央层面电子口岸建设取得明显成效

截至2014年上半年，电子口岸委成员单位扩大到17个部门，形成共同管理、协商决策的国家电子口岸建设领导体制和工作机制。成员单位以需求为导向，以“电子底账+联网核查”为手段，合作开发应用了一批跨部门联网应用项目，有效保障了国家有关政策的实施。电子口岸的建设使口岸管理部门在收结汇管理、进出口货物检验检疫、税收入库等方面的依法行政和联合执法能力不断提升，在出口退税、加工贸易联网监管、海关税费及保证金台账支付等方面的综合服务能力明显增强，国家对外汇资金跨境流动、跨境贸易人民币结算等方面的监测预警和宏观调控能力也得到强化。同时电子口岸也促进了内地与中国香港地区、中国澳门地区更紧密经贸关系发展，加强了中欧贸易供应链安全及跨国执法信息共享机制建设。

截至2014年上半年，中国电子口岸专网已覆盖全国所有省会城市和计划单列市，骨干网络可用率达到100%，同城及异地容灾设施建设取得阶段性成果，中国电子口岸安全认证体系获得国家电子政务电子认证服务资质，信息安全防护、管理、客服、运维体系进一步完善，核心系统可用率达到99.9%。中国电子口岸已经实现了与中华人民共和国国家发展和改革委员会（简称“国家发改委”）、中华人民共和国公安部（简称“公安部”）、中华人民共和国环境保护部（简称“环境保护部”）、中华人民共和国农业部（简称“农业部”）、中华人民共和国商务部（简称“商务部”）、中国人民银行、中华人民共和国海关总署（简称“海关总署”）、国家税务总局（简称“国税总局”）、国家质量监督检验检疫总局（简称

"质检总局")、国家外汇管理局、国家铁路局、国家密码管理局等12个国家主要口岸管理部门，20家商业银行，以及中国国际贸易促进委员会（简称"贸促会"）、中国香港工业贸易署、中国香港海关、中国澳门特别行政区经济局、中国台湾海关和欧盟委员会税收与关税联盟总司联网，累计入网企业80余万家，日均处理单证140余万笔，基本实现了大通关关键环节的联网核查和网上办事。

1. 电子口岸专用网络建设

从2003年开始，数据中心与各大电信运营商合作，依托公共网络资源建设了具有扩展性强、服务性好、覆盖面广、接入方式多样等特点的电子口岸业务专用网络，截至2014年上半年，电子口岸专网已经实现了与国税总局、国家外汇管理局、质检总局等部委，中国工商银行、中国建设银行等银行，中国香港工业贸易署、中国澳门特别行政区经济局以及欧盟等中国内地以外机构的网络专线连接，建立了覆盖全国重点城市及重要报关现场的电子口岸骨干专网，联网节点已超过300个，并实现了骨干网络双线路运行，为电子口岸共建部门和企业用户提供快速、安全、稳定的业务数据传输网络。

2. 电子口岸身份认证子系统

2000年3月立项建设电子口岸身份认证子系统，2000年8月建设完成。2000年12月该系统通过了安全性审查，并于2001年年初上线运行。随着密码技术的发展以及有关技术标准、规范的出台，2007年数据中心启动了升级改造工作，改造后的系统于2009年9月通过了安全性审查。2010年12月，获得了国家主管部门颁发的电子政务电子认证服务资质，该算法CA系统产品也在2011年获得商用密码产品型号证书，电子口岸的CA电子认证已在13个地方电子口岸应用。截至2014年上半年，电子口岸身份认证系统已累计发放数字证书1 163万张，是我国投入运营最早、发证量最多、应用范围最广、软件完整性保护最好的安全认证系统之一，如图1－3所示。

3. 电子口岸一体化客户服务体系

从2008年开始，数据中心以服务企业为目标，按照统一接入号码、统一服务标准、统一服务管理的要求，努力构建覆盖全国电子口岸客户的一体

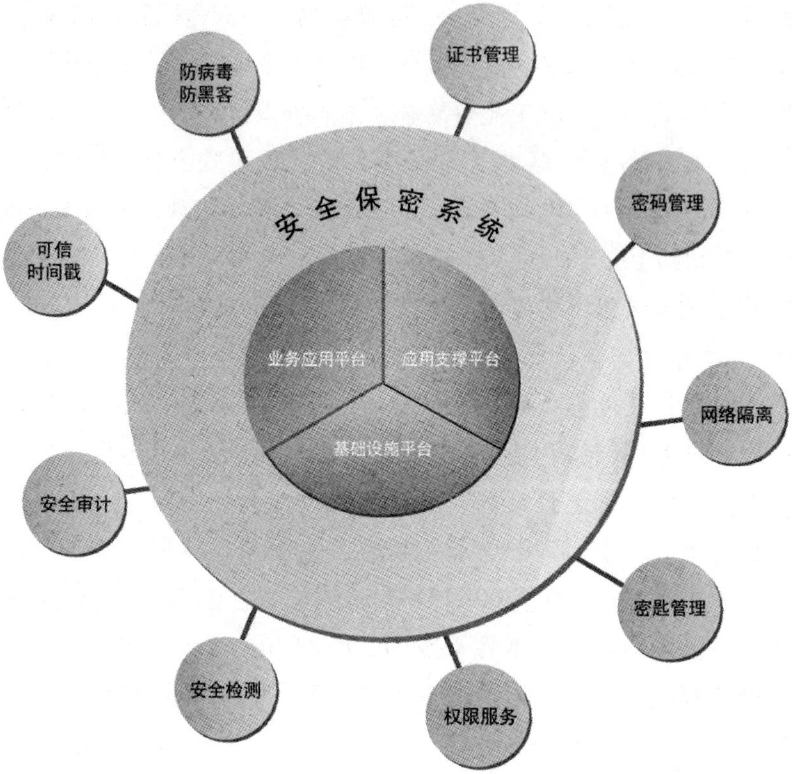

图 1－3

化服务体系。现数据中心已开通全国统一的客服热线“95198”，基本完成总部呼叫中心建设，如图 1－4 所示，电子口岸客服热线电话服务水平达到业内较高水准。2012 年，数据中心在原有电子口岸客户服务业务的基础上，利用自身的网络、技术、人力、物力、经验等资源优势，积极承担海关总署“12360”服务热线建设，为优化海关服务，畅通海关内外交流提供了重要渠道，如图 1－4 所示。

4. **电子口岸应用项目建设**

截至 2014 年上半年，数据中心已累计开发推广应用项目 126 个，其中采用“电子底账＋联网核查”模式实现大通关相关部门执法数据互联互通的应用项目 36 个，构建“一站式”的服务平台实现企业便捷通关的应用项目 41 个，整合物流商务信息促进区域经济发展的应用项目 22 个，工具类项目 17 个，安全类项目 10 个。

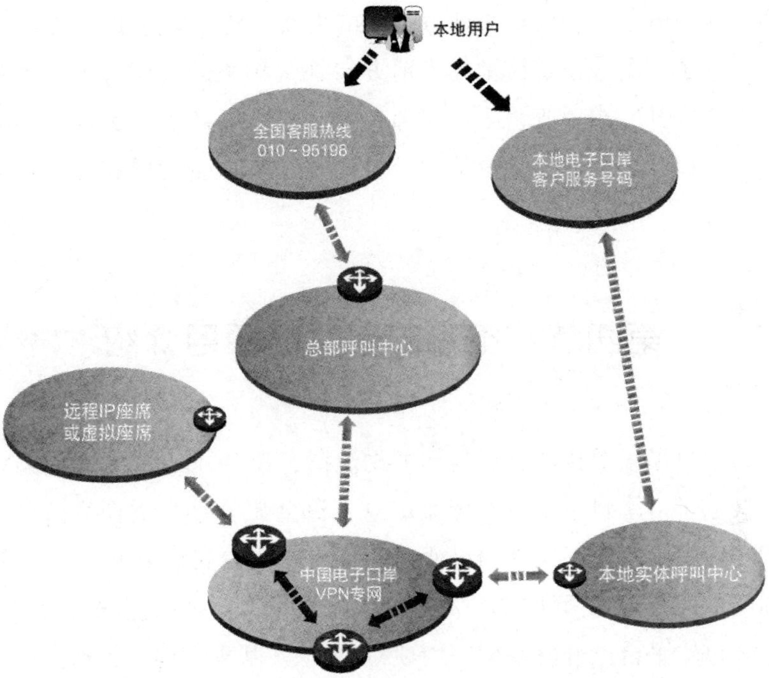

图 1－4

（二）地方层面电子口岸建设取得积极进展

目前，全国各省（区、市）均签署了《地方电子口岸建设合作备忘录》，构建了地方政府牵头、相关口岸管理部门共同参与的地方电子口岸建设机制。地方电子口岸建设全面展开后，相继开发应用了上海“世博物流信息综合管理系统”、天津“一次录入、分别报检、报关系统”、浙江“义乌小商品市场综合管理系统”，以及“检验检疫口岸电子快速查验系统”等一批以口岸通关服务为主、集相关物流商务服务为一体的“一站式”大通关综合应用项目，有效改善了口岸通关软环境，提高了通关效率，降低了贸易成本，提升了企业国际竞争力。

截至 2014 年上半年，各地区结合实际，已建设 35 个地方电子口岸平台，开发应用了舱单申报、船勤申报、海铁多式联运、网上订舱、堆场联网、物流综合信息查询等 600 余个具有地方特点的综合服务项目，初步形成了沿海、沿边地区以实体平台建设为主、内陆地区以虚拟平台为主的建设格局，地方电子口岸已成为地方唯一的大通关统一信息平台。

地方电子口岸建设积极推动了地方与外贸相关的口岸管理水平和物流服务水平的提升，有效改善了口岸通关软环境，提高了通关效率，降低了贸易成本，提升了企业国际竞争力，对地方经济社会发展起到了积极的促进作用。

第四节　电子口岸联网项目介绍

作为集口岸通关执法管理与相关物流商务服务于一体的大通关统一信息平台，电子口岸将进出口管理流信息、资金流信息、货物流信息存放在集中式的数据库中，联网部门可通过电子口岸平台进行数据交换和联网核查，如图1－5所示。联网部门内部的数据共享依托其内部网络实现。目前中国电子口岸平台已开发联网应用项目36个，基本实现了大通关关键环节的联网核查和网上办事。

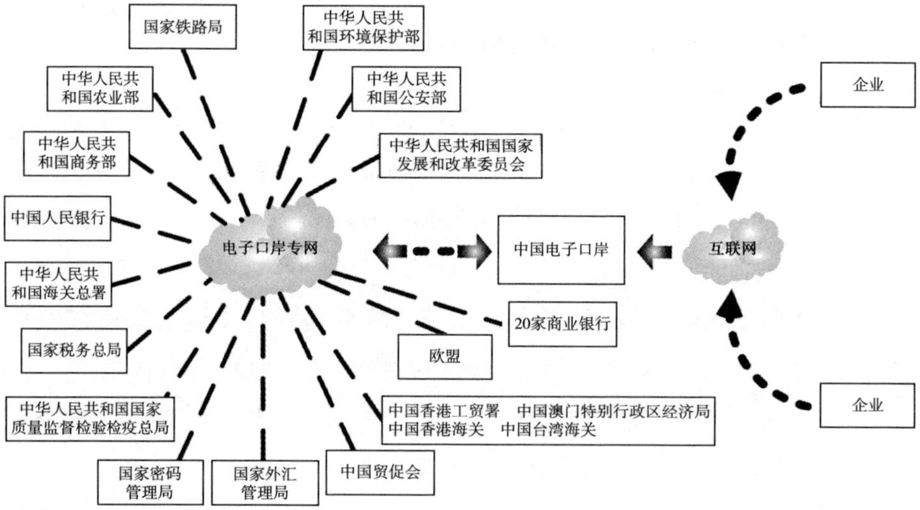

图1－5

联网应用项目采用“电子底账＋联网核查”模式实现相关部门执法数据的互联互通，在加强口岸执法、综合治理、高效监管和为企业提供贸易通关便捷、提高国际竞争力、促进对外贸易健康发展等方面发挥了积极作用。以下对部分典型系统进行详细介绍。

一、进口付汇报关单联网核查系统

进口付汇报关单联网核查系统由海关总署与国家外汇管理局共同开发，采用“电子底账+联网核查”的模式，由海关内网发送进口报关单电子业务数据到电子口岸，再由电子口岸提供给国家外汇管理局，如图1－6所示。该系统通过实现海关与外汇部门的联网核查来鉴别进口付汇报关单的真伪，改变了靠书面单证防伪的做法，从根本上遏制了不法分子利用假进口报关单骗汇的违法行为。

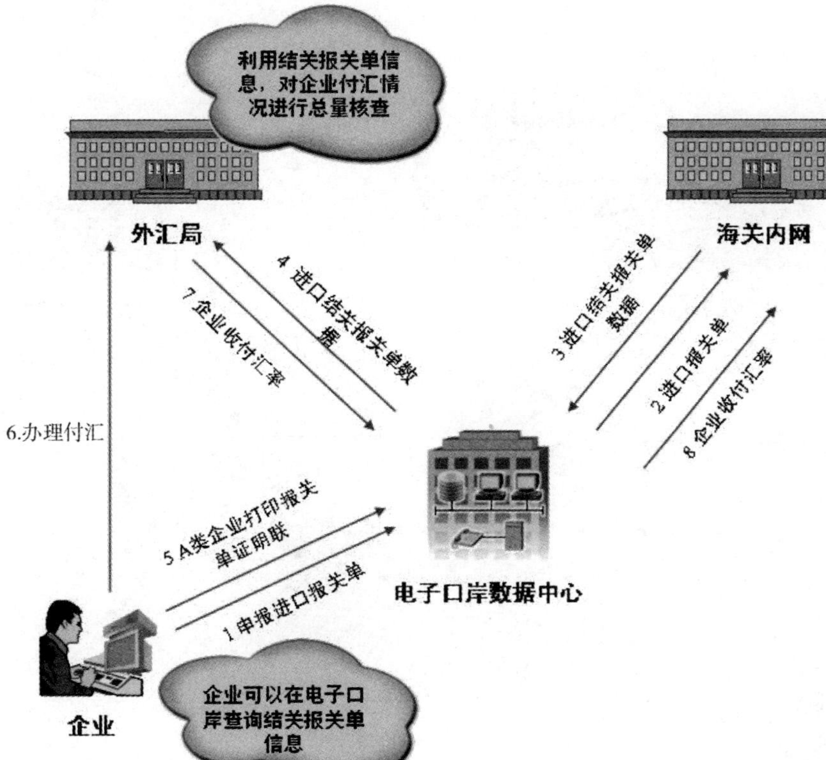

图1－6

该系统于1998年12月完成开发，1999年1月正式运行。系统上线后收到了明显效果，全国贸易顺差和顺收趋于平衡，“三假”走私案件明显减少，海关税收大幅增长。2005 年以来，国家外汇管理局积极推进核销制度改革，实现对企业的货物贸易外汇管理由逐笔核销向总量核查，由现场核销向非现场核查，由行为监管向主体监管的转变，进口付汇报关单联网核查系统也进行了同步调整。

二、出口收汇联网核查系统

出口收汇联网核查系统由海关总署与国家外汇管理局共同开发，由海关内网发送出口报关单电子业务数据到电子口岸，再由电子口岸提供给国家外汇管理局，杜绝了不法分子进行逃汇、骗税的活动，如图 1－7 所示。

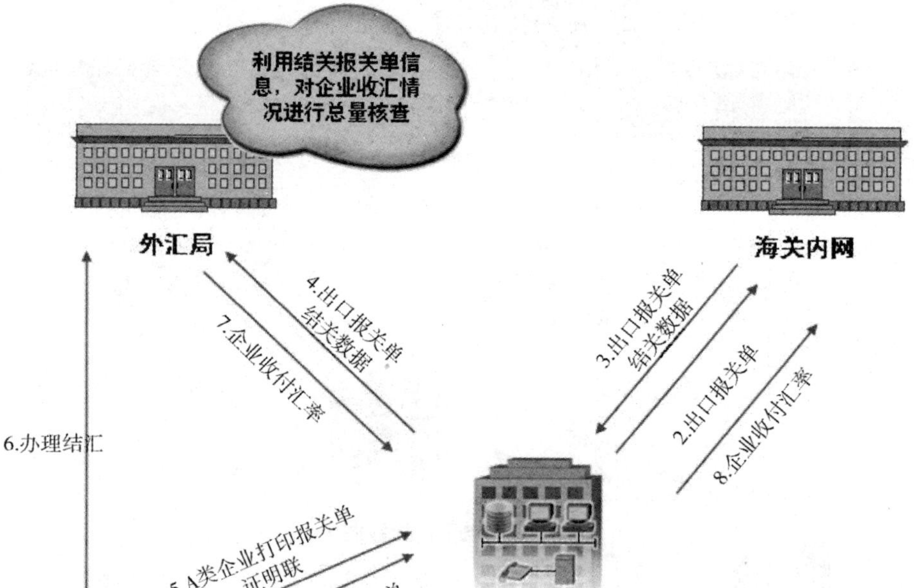

图 1－7

该系统于2000年12月完成开发，2001年8月在全国正式运行。系统上线后，外汇部门出口收汇核注金额与国际收支统计同期贸易收汇金额比对相符率达到90%以上，为成功阻止国际热钱以贸易名义流入国内，保持我国收支平衡发挥了积极作用。2005年外汇核销制度改革以后，出口收汇联网核查系统也进行了同步调整。

三、通关单联网核查系统

通关单联网核查系统由海关总署与质检总局共同研发，通关单在质检部门审核通过后，其电子信息将通过电子口岸发给海关，海关在审核报关单时比对通关单电子数据，如图1－8所示。该系统的应用，方便了企业实现无纸通关，降低了企业通关成本。

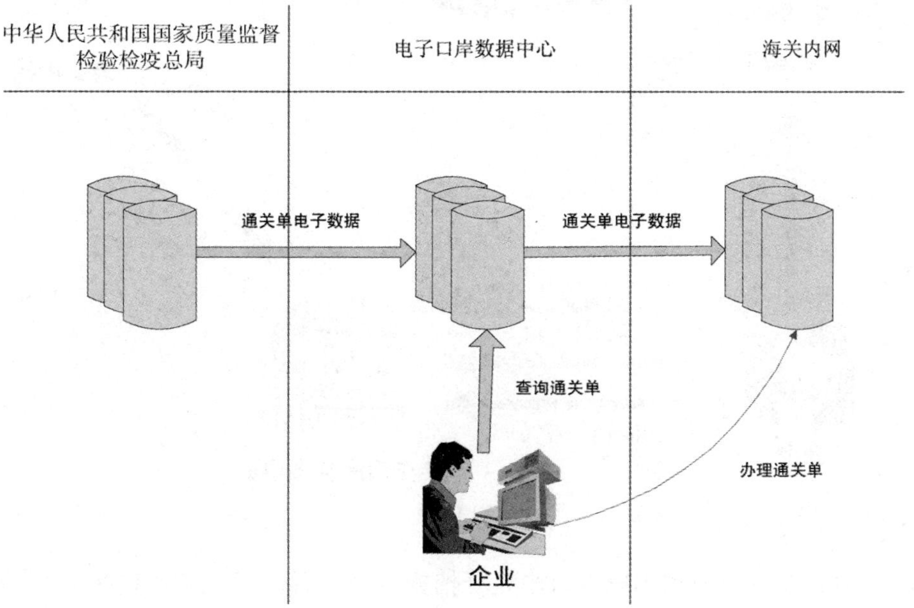

图1－8

该系统于2002年3月完成开发并在上海试点，目前已在13个省推广，在16个海关试运行。

四、出口退税联网核查系统

出口退税联网核查系统由海关总署与国税总局共同研发，充分发挥电子口岸中各部委数据互联的优势，简化了现有的企业出口退税申报流程，使国税部门有效地辨别纸质出口报关单退税联的真伪，进一步提高了国税部门办理退税业务的效率，杜绝了不法企业通过伪造单证骗取国家出口退税的行为，出口退税联网核查系统业务流程如图 1－9 所示。自 2003 年运行以来，出口退税联网核查系统每年向税务总局提供出口退税报关单 2 600 万票左右，完成出口退（免）税 7 000 多亿元。

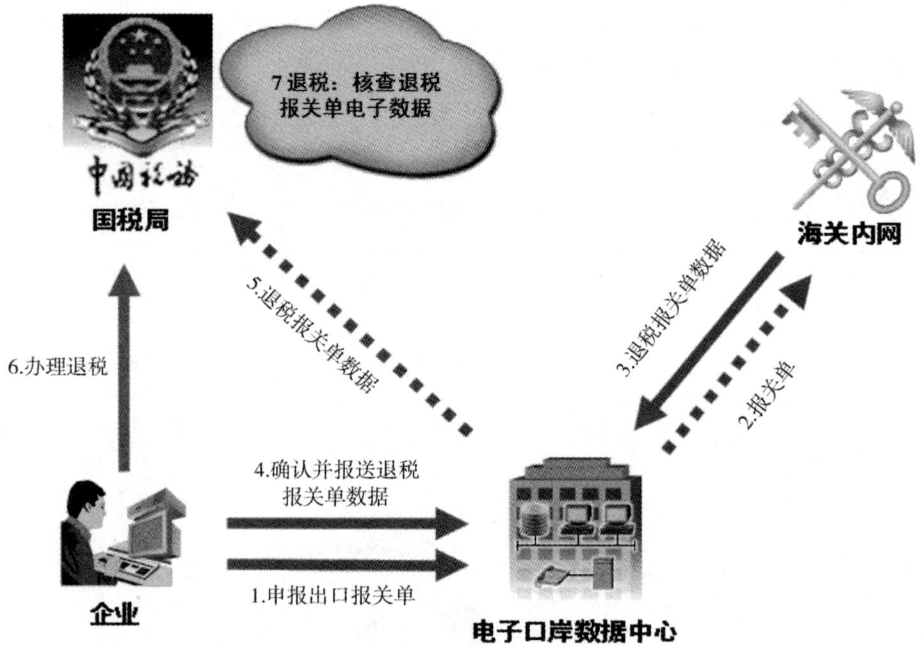

图 1－9

在此基础上，中国电子口岸充分挖掘海关总署已经同步给国税总局的出口退税数据价值，于 2010 年研发了出口退税报关单下载功能，使企业可以从电子口岸直接下载出口退税报关单数据，并导入国税总局的出口退税申报系统，极大地减少了企业的重复录入和差错率，为企业进行出口退税申报提供了便利。出口退税报关单下载功能于 2011 年 1 月上线，为企业减轻出口退税申报数据录入工作量达90%，降低国税局审核申请及对比单据的工作量达80%，极大降低了企业尤其是中小企业的负担，提高了通关效率，获得企业的高度好评。

五、铁路口岸信息平台

铁路口岸信息平台由国家铁路局、公安部、质检总局与海关总署合作开发，实现了铁路运输部门代理货主整体申报货物信息，实现了铁路、海关、质检部门的信息共享，加快了铁路换装速度，提高了贸易效率，降低了企业贸易成本，铁路口岸信息平台业务流程如图1－10所示。

该系统于2003年6月上线，已在满洲里、阿拉山口、二连浩特、绥芬河4大铁路口岸正式运行。

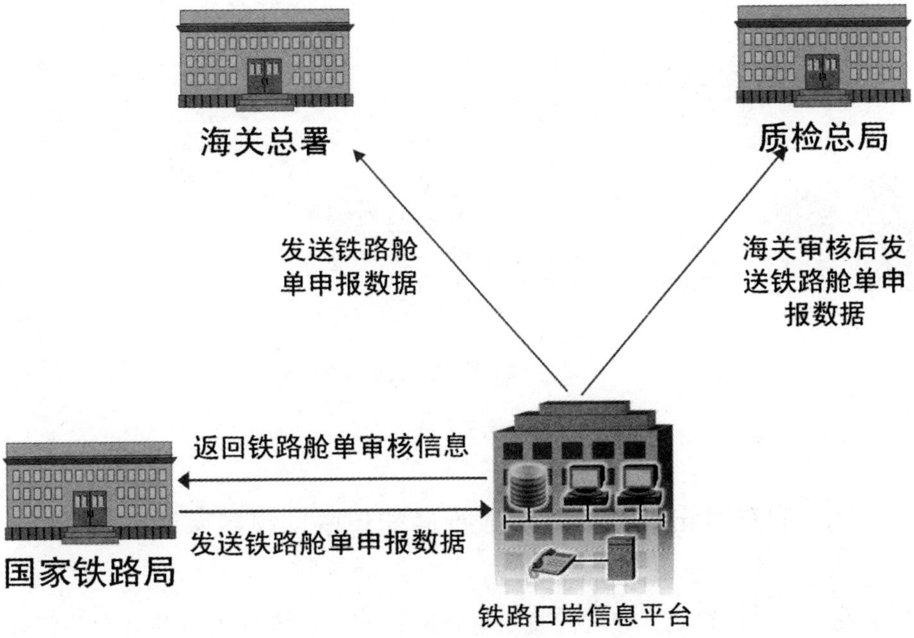

图1－10

六、海关税费电子支付系统

电子口岸通过与拥有中国人民银行签发的电子支付牌照的支付公司合

作，增加了为进出口企业支付关税、增值税等税费，并提供指定银行预扣、实扣、担保等相关金融服务，使企业往返银行和海关之间需多日方能办理完成的业务缩短至半小时之内，降低了企业贸易成本，该系统流程如图1－11所示。

该系统于2010年8月正式运行，首先在上海、杭州、宁波、南京地区试点，目前已在全国推广应用。

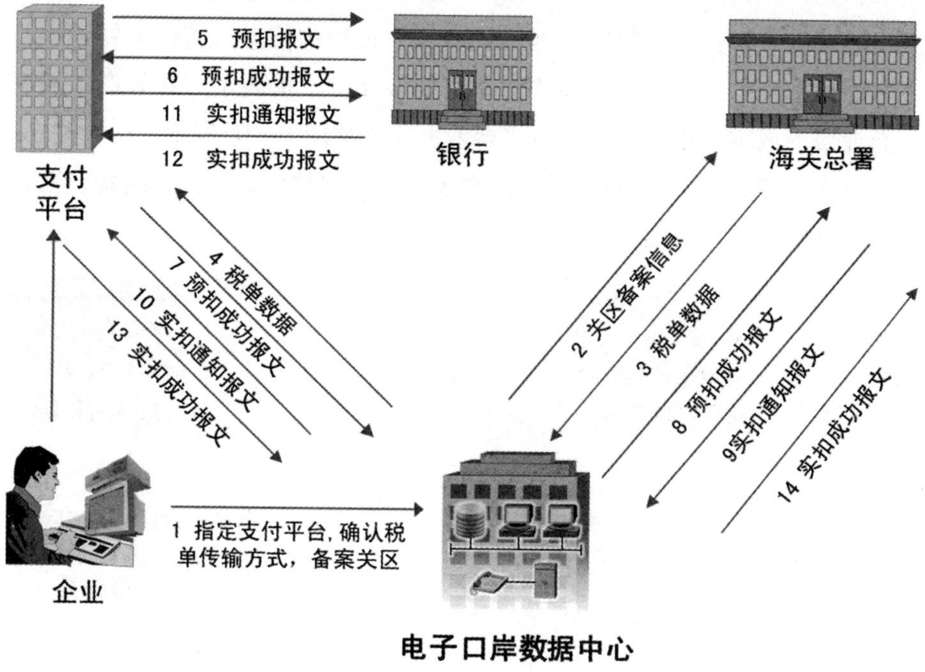

图1－11

七、农药进出口登记管理放行通知单联网核销系统

农药进出口登记管理放行通知单联网核销系统实现了海关与农药管理部门之间关于农药进出口登记管理放行通知单的互联互通，加大了农药管理部门以及海关对农药进出口的监管力度，便于他们及时掌握全国农药进出口的现状并处理突发事件。

该系统于2010年10月正式运行，在我国实现了对农药进出口的宏观调控、数据统计分析和汇总，其业务流程如图 1－12 所示。

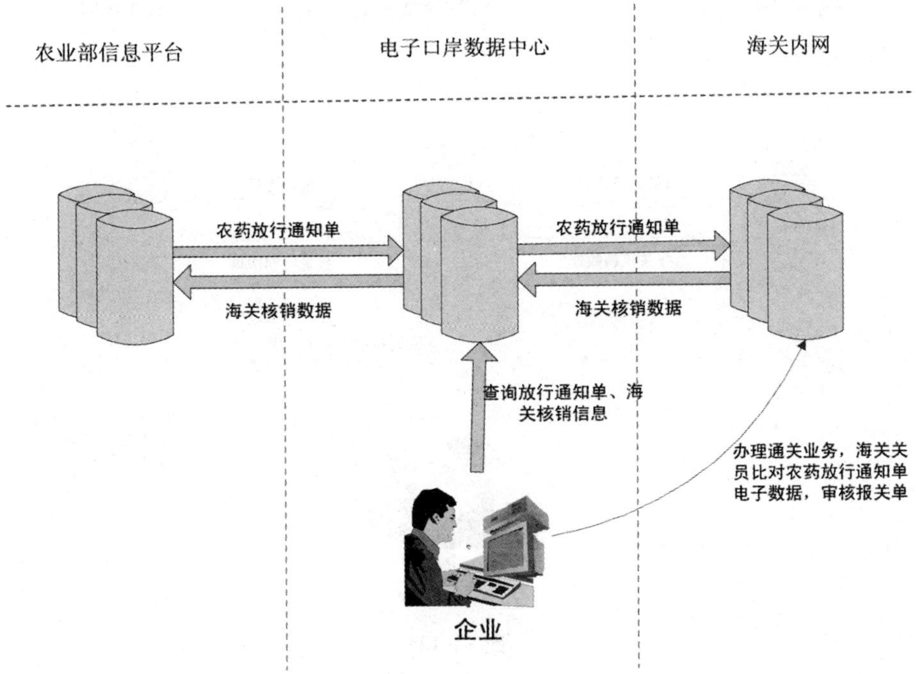

图 1－12

八、自动进口许可证联网核查系统

自动进口许可证联网核查系统由商务部与海关总署联合开发，它以中国电子口岸公共服务平台为依托，实现了对自动进口许可证电子底账的数据传输和联网核查，同时此系统也可向企业提供自动进口许可证信息查询功能。

该系统于 2012 年 12 月正式运行，有效改进了自动进口许可证商品进口监管手段，规范了经营秩序，加快了通关速度，有效防范和打击了不法企业伪造自动进口许可证等违法行为，其业务流程如图 1－13 所示。

九、两岸海关原产地联网核查系统

两岸海关原产地联网核查系统由两岸海关共同开发，旨在更好地使

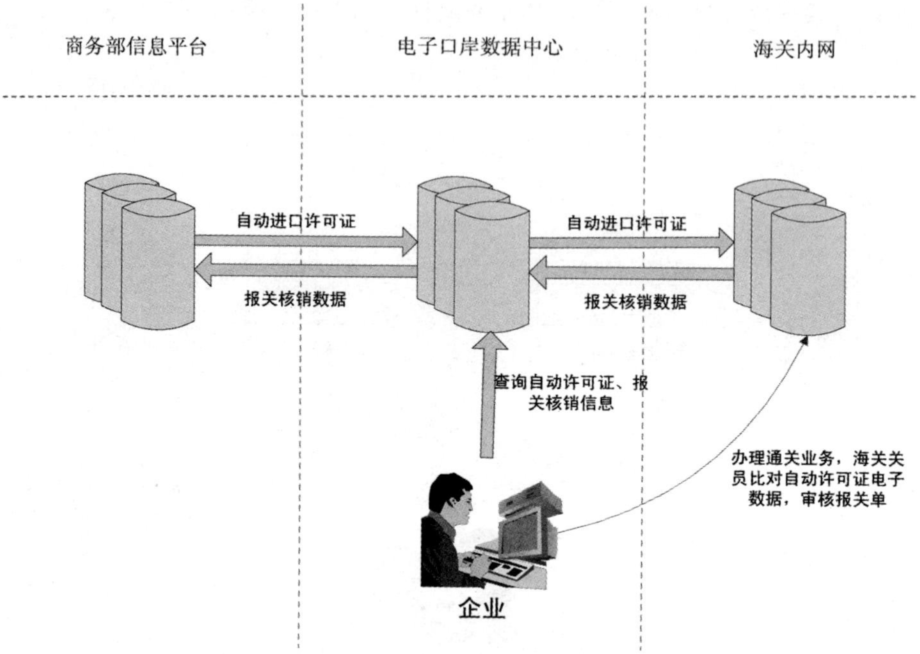

图 1 - 13

《海峡两岸经济合作框架协议》（以下简称 ECFA）的优惠措施落到实处，保证“严密监管、高效运作”。通过该系统主要实现了中国内地与台湾地区原产地证书及通关数据的计算机联网，保证对双方具有原产资格的货物享受优惠关税税率，并实现对 ECFA 项下货物实际进出口情况的统计和监控分析。

该系统于 2014 年 5 月正式上线运行，是中国内地与台湾地区第一次实现电子政务数据共享的网络直连，实现了两岸原产地数据的电子传输，大大提高了口岸查验单位的作业效率，为进出口通关申报带来了极大的便利，为 ECFA 原产地证书的签发、使用、审核提供了一种安全、高效、便捷的模式，其具体业务流程如图 1 - 14、图 1 - 15 所示。

十、中国香港海关葡萄酒通关征税便利措施网上申报系统

中国香港海关葡萄酒通关征税便利措施网上申报系统由海关总署与中

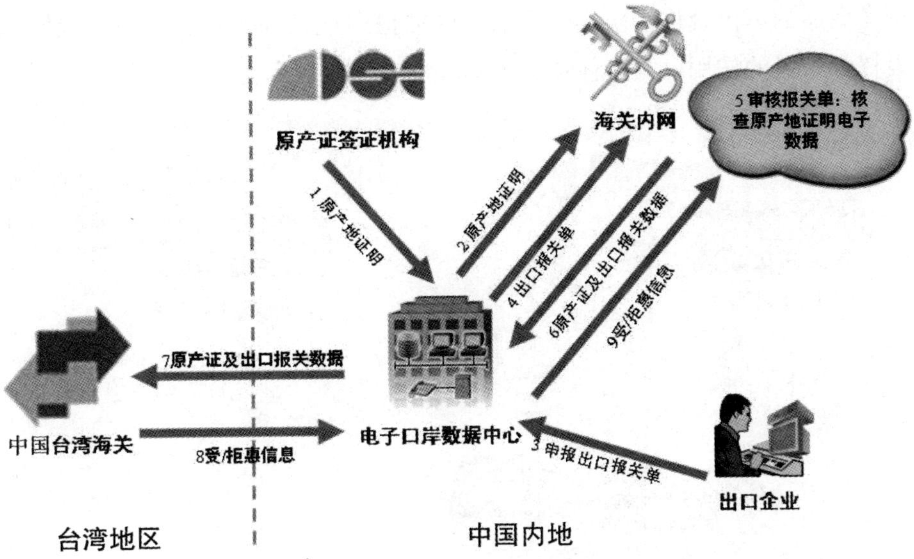

图 1－14

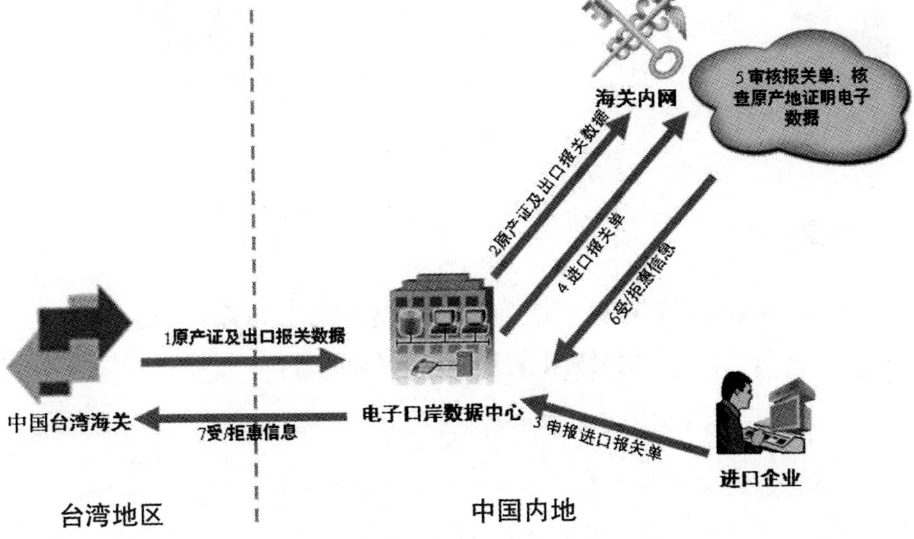

图 1－15

国香港海关共同开发，以电子口岸为平台向香港地区提供香港出口商录入葡萄酒价格资料界面以及中国香港海关确认价格资料界面，并与海关内网系统联网，实现信息互传。

该系统于 2014 年 7 月正式上线运行，它为进一步达成内港两地海关对酒类商品的审价合作，落实经香港地区输往内地葡萄酒通关征税便利措施发挥了积极的作用，其具体业务流程如图1－16所示。

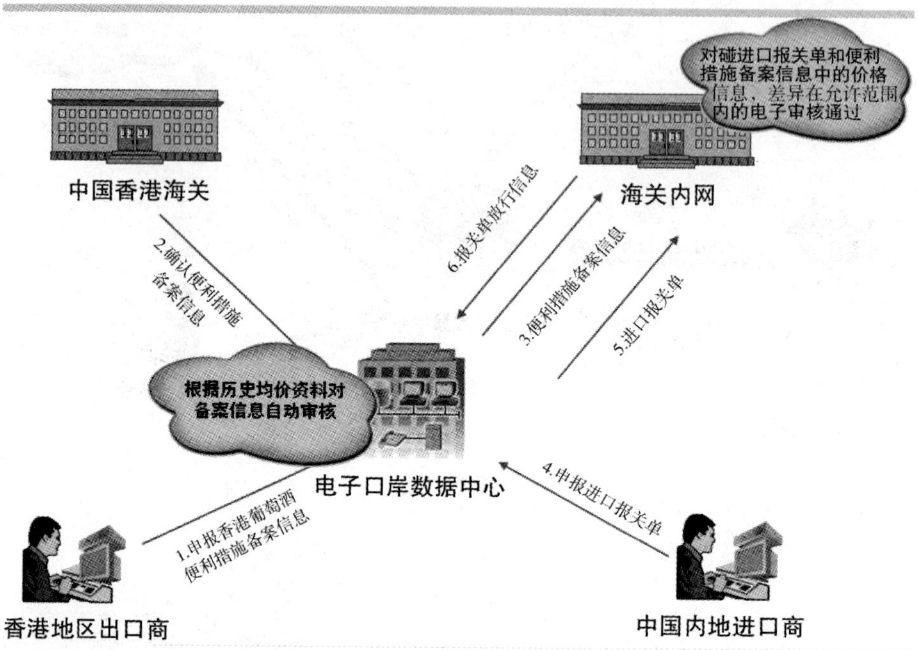

图1－16

扩展阅读

国家外汇管理局　海关总署　国家税务总局关于货物贸易外汇管理制度改革的公告

（国家外汇管理局公告2012年第1号）

为大力推进贸易便利化，进一步改进货物贸易外汇服务和管理，国家外汇管理局、海关总署、国家税务总局决定，自2012年8月1日起在全国实施货物贸易外汇管理制度改革，并相应调整出口报关流程，优化升级出口收汇与出口退税信息共享机制。现公告如下：

一、改革货物贸易外汇管理方式

改革之日起，取消出口收汇核销单（以下简称核销单），企业不再办理出口收汇核销手续。国家外汇管理局分支局（以下简称外汇局）对企业的贸易外汇管理方式由现场逐笔核销改变为非现场总量核查。外汇局通过货物贸易外汇监测系统，全面采集企业货物进出口和贸易外汇收支逐笔数据，定期比对、评估企业货物流与资金流总体匹配情况，便利合规企业贸易外汇收支；对存在异常的企业进行重点监测，必要时实施现场核查。

二、对企业实施动态分类管理

外汇局根据企业贸易外汇收支的合规性及其与货物进出口的一致性，将企业分为A、B、C三类。A类企业进口付汇单证简化，可凭进口报关单、合同或发票等任何一种能够证明交易真实性的单证在银行直接办理付汇，出口收汇无须联网核查；银行办理收付汇审核手续相应简化。对B、C类企业在贸易外汇收支单证审核、业务类型、结算方式等方面实施严格监管，B类企业贸易外汇收支由银行实施电子数据核查，C类企业贸易外汇收支须经外汇局逐笔登记后办理。

外汇局根据企业在分类监管期内遵守外汇管理规定情况，进行动态调整。A类企业违反外汇管理规定将被降级为B类或C类；B类企业在分类监管期内合规性状况未见好转的，将延长分类监管期或被降级为C类；B、C类企业在分类监管期内守法合规经营的，分类监管期满后可升级为A类。

三、调整出口报关流程

改革之日起，企业办理出口报关时不再提供核销单。

四、简化出口退税凭证

自2012年8月1日起报关出口的货物（以海关“出口货物报关单[出口退税专用]”注明的出口日期为准，下同），出口企业申报出口退税时，不再提供核销单；税务局参考外汇局提供的企业出口收汇信息和分类情况，依据相关规定，审核企业出口退税。

2012年8月1日前报关出口的货物，截至7月31日未到出口收汇核销期限且未核销的，按本条第一款规定办理出口退税。

2012年8月1日前报关出口的货物，截至7月31日未到出口收汇核销期限但已核销的以及已到出口收汇核销期限的，均按改革前的出口退税有关规定办理。

五、出口收汇逾期未核销业务处理

2012年8月1日前报关出口的货物，截至7月31日已到出口收汇核销期限的，企业应不迟于7月31日办理出口收汇核销手续。自8月1日起，外汇局不再办理出口收汇核销手续，不再出具核销单。企业确需外汇局出具相关收汇证明的，外汇局参照原出口收汇核销监管有关规定进行个案处理。

六、加强部门联合监管

企业应当严格遵守相关规定，增强诚信意识，加强自律管理，自觉守法经营。国家外汇管理局与海关总署、国家税务总局将进一步加强合作，实现数据共享；完善协调机制，形成监管合力；严厉打击各类违规跨境资金流动和走私、骗税等违法行为。

本公告涉及有关外汇管理、出口报关、出口退税等具体事宜，由相关部门另行规定。之前法规与本公告相抵触的，以本公告为准。自2012年8月1日起，本公告附件所列法规全部废止。

特此公告。

国家外汇管理局　海关总署　国家税务总局

2012年6月27日

中华人民共和国海关总署　国家外汇管理局关于取消打印报关单收、付汇证明联的公告

（中华人民共和国海关总署　国家外汇管理局联合公告2013年第52号）

为进一步深化海关通关作业无纸化改革，减少纸质单证流转，完善货物贸易外汇服务和管理，海关总署、国家外汇管理局决定，自2013年9月16日起，海关不再为国家外汇管理局分支局（以下简称外汇局）核定的货物贸易外汇管理A类企业（以下简称A类企业）提供纸质报关单收、付汇证明联。A类企业办理货物贸易外汇收付业务，按规定须提交纸质报关单的，通过中国电子口岸自行以普通A4纸打印报关单证明联（出口收汇或进口付汇用）并加盖企业公章。对于外汇局核定的货物贸易外汇管理B类和C类的企业，海关仍按现行做法为其提供纸质报关单

收、付汇证明联。

特此公告。

海关总署　国家外汇管理局

2013年9月3日

全球首个农药进出口电子监管系统正式启用

世界上第一个“农药进出口管理电子联网核销系统”日前正式启用。该系统由海关总署与农业部合作开发，可在进出口环节对假冒伪劣农药行为进行打击。

该成果是自2004年开始实施的金关工程（一期）的重要组成部分。双方通过电子口岸平台对农业进出口放行通知单进行联网核查，不仅加强了我国农药进出口监管，规范了农药进出口贸易秩序，而且农业部通过海关的核销反馈数据全面掌握了农药进出口状态。

电子口岸平台由海关总署牵头，会同国家发展改革委等15个部门共建，目前已开发了“农药进出口管理电子联网核销系统”等联网应用项目30余个。依托该平台，相关部门和单位实现了“大通关”数据共享和联合执法，提高了口岸综合执法水平，发挥了综合治理的强大威力。

电子口岸平台还为进出口企业构建了“一站式”的服务平台。韩坚告诉记者，进出口企业现在可以通过覆盖全国的商业银行网络系统办理本地和异地纳税，企业从发出付款指令至付款完成一般不超过5分钟，最快只需8秒，避免了以往“柜台支付”企业在海关、银行之间来回奔波。2011年，进出口纳税企业通过电子口岸平台，实现海关税费电子支付共计9100亿元，占海关税收总量的56%。

金关工程开发的“分类通关”系统应用效果也很明显。

所谓“分类通关”，是指海关通过信息化手段对企业守法状况进行分类管理，诚信守法企业的低风险货物实行快速验放，提高通关效率；高风险货物实施重点审核和查验，加大监管力度。该信息化系统目前已覆盖全国41个直属海关，成为全国海关主要通关模式。韩坚说，从2009年7月到 2011 年年底，全国海关将进口 68.72%、出口 60.17% 的查验资源集中在高风险重点审核货物。分类通关作业模式改变了以往海关监管平均用力的状况，接单现场关员日均处理单量大幅下降。

海关科技人员自主研发缉私情报分析系统，利用并行计算和开源技术首创海关自有知识产权的海量数据搜索分析引擎，解决了困扰海关多年的全国海关历年海量业务数据搜索、分析和图形化表达难题。系统一开始使用就取得重大战果，破获过亿元大案。

“海关总署是我国最早通过自主创新将信息技术应用到核心业务管理的政府部门之一。”韩坚说，这 10 年，我国加入世贸组织，经济全球化和区域经济一体化进程加快，海关进出口监管业务量连年大幅飙升，海关传统、非传统职能任务不断加重，但关员总数却变化不大。这很大程度源于金关工程（一期）、H2010 信息化工程的建成和投入使用，使海关的各项管理工作基本实现了全国统一作业模式、作业流程和作业规范，极大提高了海关行政工作效率和执法水平。

（来源：http：//info.jctrans.com/news/myxw/20129261541145.shtml 科技日报）

第五节　电子口岸的主要作用及取得的成效

电子口岸经过十多年的建设和发展，应用领域不断扩展，在促进政府部门间信息共享、提高效率、加强监管，为进出口企业提供贸易便利、加快通关速度、降低贸易成本等方面发挥了重要作用，取得了显著的社会效益和经济效益。

一、强化口岸执法监管，维护国家经济秩序，提高政府部门服务水平

电子口岸采用“电子底账＋联网核查”的管理方式，使口岸执法部门通过公共平台实现信息资源共享，使口岸管理各个环节环环相扣、相互印

证和相互制约，从源头上防范和打击了走私、骗汇、骗税等违法犯罪活动，为保障国家经济、金融安全发挥了重要作用。这种管理方式是对口岸管理制度的一种创新，它不仅大大提高了口岸相关管理、执法单位的依法行政能力和联合执法能力，而且最大限度地减少了人为因素的干扰和影响，使执法更为公平、公正。

作为中国电子口岸第一个在线运行项目，进口报关单联网核查系统实现了海关和外汇部门进口报关单数据的共享，外汇部门将海关的报关单数据作为底账与企业提交的纸面单证进行比对，大大提高了甄别伪造单证的水平。该系统上线以后，当年“三假”案件就迅速减少，迅速扭转了我国贸易顺收和顺差严重失衡，外汇流失将近90%的不利局面。

2004年8月正式运行的进口增值税联网检查系统，实现了海关与税务部门进口增值税完税凭证信息的共享，用联网核查的方法对贸易项下资金流动、税费征管的真实性进行监控，有效解决了利用假进口增值税专用缴款书骗取税费抵扣的问题，大大提高了税务部门甄别税单真伪的能力。2004年该系统投入运行前的1～8月，共发现伪造的进口增值税专用缴款书4 972份，涉及抵扣金额7.89亿元人民币，系统投入运行后，此类案件基本杜绝，税务部门关于税单的稽核比对相符率从70%左右提高到90%以上。

2008年7月正式运行的出口收结汇联网核查系统，通过将企业出口货物报关单数据、企业出口预收货款数据、企业可收汇额等数据集中存放于电子口岸，实现了企业收结汇的实时查询和核注，便利了出口交易与收结汇真实性及其一致性的审核。该系统上线后，有效遏制了以虚假出口名义办理结汇的行为，并对滞留外汇资金进行监控，在彻底解决国际热钱以正常贸易名义流入国内，保持我国收支平衡，进一步提高政府服务水平等方面起到了重要作用。

此外，中国电子口岸通过互联互通、资源共享，大力推动了政务公开，提升了政府服务水平，成为我国政府管理信息化应用的一个成功范例；通过将大通关有关的各类公共服务内容、程序和办事流程向企业公开，提高了政务透明度，便于企业进行查询和监督；通过将报关、报检、付汇、收汇、缴税、退税等通关项目，以及运输、仓储等物流服务项目整合到一个平台，减少了企业多次往返不同政府部门重复录入信息和身份认证的成本，极大提高了政府的服务水平。

二、提高企业通关效率，降低企业通关成本，提高我国企业的国际竞争力

电子口岸依托技术进步和管理创新，为广大进出口企业提供了一个“门户”入网、一次认证登录和“一站式”服务，在一定范围内实现了企业与口岸管理部门，以及金融、物流、加工贸易和中介服务等机构的互联互通，整合了相关资源，简化了通关手续，降低了企业贸易成本，提高了我国企业的国际竞争力。

2003 年正式运行的加工贸易联网监管系统，实现了加工贸易企业将经营情况、加贸合同和货物信息向海关、商务和税务等部门进行“一站式”申报，大大提高了企业工作效率。该系统在上海某公司应用后，该公司当年出口额即增长 16 倍，接单能力也大大提高，执行订单周期由原来的 1 周缩短至 28 小时。

2010 年 9 月正式运行的加贸集成通系统为企业与企业、企业与管理部门之间的业务协作提供数据交换、流程管理、数据预处理与数据共享等功能，帮助企业打通了订单、订舱、运输、舱单、报检等物流链流程。该系统上线后，为企业每票减少运作成本 7 元以上，每票提高工作效率 2 小时以上，减少差错率和退单率 90% 以上，促进了物流与通关业务流程的优化，实现了作业过程的透明化。

宁波电子口岸实现通关在线服务后，每年可为外贸物流行业节省成本 1.5 亿元，为每票出口货物节省 2 ~ 4 小时通关时间，为每票进口货物节省 7 ~ 10 小时的通关时间。

三、提高口岸物流产业水平，促进地方投资环境的改善和产业升级

中国电子口岸在统一认证基础上，构筑了集口岸通关执法管理及相关

物流商务服务为一体的口岸大通关统一信息平台，实现了铁路、公路、航空、海运等运输信息资源的共享，解决了物流信息割裂问题，大大提高了物流速度，降低了物流成本，为国内、国际物流业的发展创造了条件，为其配套规范便捷的服务和通畅有序的口岸环境，改善了地方投资环境，促进了地方产业结构向中高端升级换代以及区域经济的发展。

在中国最大的陆路口岸之一深圳皇岗，每天进出的货柜车达3万多辆，车辆闸口通关时间平均为4分钟，深圳陆路口岸自动核放系统投入使用后，通过货物承运人提前向海关等部门备案进口货物和运输工具电子信息，通关时间缩短到5秒钟以内，大大提高了通关效率，有力地支持了香港地区和中国内地之间的贸易往来。

广州市通过电子口岸平台实现了在四川成都和广州白云机场之间的"多点报关，机场验放"。同时，电子口岸平台通过提供园区管理、仓储管理、卡口管理、海关联网监管等功能，实现了海关与运输单位、仓储单位、物流配送单位以及质检单位的数据传输与信息共享，对于促进"泛珠三角"和"泛长三角"等区域经济发展起到了积极作用。

中国电子口岸的铁路口岸信息系统，实现了铁路运输和口岸管理部门的数据共享，使国际列车换装时间缩短了1小时以上，每天列车进站数量从以前的最多10列增加到17列，通关效率提高了70%，同时，每辆国际列车停留时间平均减少了12小时。

在促进国际物流发展方面，中欧安全智能贸易航线项目在中国海关和欧洲试点海关之间突破货物到港时进行查验的传统做法，采取以出口监管为主、互认监管结果的新型监管模式，建立安全、便利、智能的国际贸易供应链，实现了对国际物流的全程监控，在降低物流风险的同时，最大限度地便利了合法贸易。

拓展阅读

【数字十年】"大通关"建设提速

党的十六大以来，在中央各部门和地方各级政府的共同努力下，全国口岸开放有序推进，口岸功能布局进一步优化；口岸运行安全畅通，服务保障能力显著提升，有力地促进了我国对外贸易和交往的快速发展。

“这一天，我们整整盼了6年!”10月11日，海南洋浦经济区工委副书记、管委会主任倪强激动地对记者说。

当天，洋浦口岸神头港区顺利通过国家口岸管理办公室组织的验收并正式对外开放，标志着洋浦经济开发区以大口岸、大物流为支撑的“一港三基地”建设步入快车道。海南省海防与口岸办主任周功民表示，未来5年洋浦港口岸货物吞吐量将达亿吨，有望成为我国南海最大的港口之一和面向东南亚的区域航运枢纽。

口岸开放有序推进

10年来，随着经济全球化步伐加快，我国对外开放进一步扩大，我国口岸发展不断提速。截至目前，全国共有经国家批准的对外开放口岸284个，其中水运口岸138个、陆运口岸83个，空运口岸63个，分布在沿海（146个）、沿边（111个）和内陆（27个）地区。较10年前新增对外开放口岸40个，扩大开放口岸45个。

目前，我国已基本形成了沿海沿边水运口岸密集分布，各省中心城市及重点旅游城市空运口岸基本覆盖，沿边陆路口岸按需设立的全方位、多层次、立体化口岸开放格局。

口岸运行安全畅通

10年来，我国口岸建设不断加强，口岸通行能力大幅提高，口岸管理体制逐步完善，口岸综合功能得到进一步提升。来自国家口岸办的数据显示，2002年，全国进出口货物总值达6 207.9亿美元、进出口货运量16.16亿吨、进出境人员2.35亿人次，进出境运输工具2 227万辆（艘、列、架次）；2011年，全国进出口货物总值达3.64万亿美元、进出口货运量33.17亿吨、进出境人员4.31亿人次，进出境运输工具3 214万辆（艘、列、架次）。10年间，这4组数字分别增长4.9倍、1.1倍、83.4%和44.3%。

口岸的服务保障能力得到了进一步增强，为顺利举办2008年北京奥运会、2010年上海世博会和广州亚运会等重大活动以及抗震救灾、防控非典疫情等突发事件做出了积极贡献。

电子口岸建设提速

经过10年发展，我国电子口岸跨部门联网应用项目达69个，入网企业约66.4万家，日处理电子单证数量达130多万笔，电子口岸门户网站日点击率超过560万次。

依托电子口岸公共平台，相关部门和单位实现了“大通关”数据共享和联合执法，提高了口岸综合执法水平，发挥了综合治理的强大威力。

电子口岸为进出口企业构建了“一站式”的服务平台，实现了企业与口岸管理部门以及金融、物流、加工贸易和中介服务等机构的互联互通，大大简化了企业通关手续，缩短了通关时间，提高了通关效率，降低了贸易成本，提高了我国企业的国际竞争力。

（来源：http://www.ce.cn/xwzx/gnsz/gdxw/201210/25/t20121025_23785805.shtml，中国经济网—《经济日报》，顾阳，2012年10月25日）

第二章　电子口岸用户类型

如果您想成立一家专门从事代理报关业务的公司，需要办理哪种用户类型的电子口岸呢？另外，目前可以通过哪些软件来进行报关单的录入、申报呢？

针对大家关心的问题，本章旨在帮助您快速定位自己的用户类型，了解不同类型用户可以使用电子口岸哪些系统功能，进而根据自己的角色快速对号入座，达到指引目标。

电子口岸用户类型主要有企业、相关部委、银行等。企业用户主要包括报关企业、进出口货物收发货人、保税仓库企业、无进出口权加工贸易企业、快件企业、预录入服务企业等。部委用户主要包括商务部、外汇管理局、海关、国税总局、工商行政管理局、技术监督局等。交通银行、招商银行等各商业银行也是电子口岸用户。

本章主要为大家介绍报关企业、进出口货物收发货人、无进出口权的加工贸易生产企业三类电子口岸用户。

第一节　报关企业

报关企业是指专门代办进出境报关业务的企业，一般分为专业报关企业和代理报关企业。

专业报关企业俗称报关行，专门从事接受进出口货物外贸公司、船务公司及其代理人等的委托，办理进出口货物和进出境运输工具的报关、纳税等事宜。专业报关企业一般在企业名称中冠以“××报关行”或“××报关服务公司”字样。

代理报关企业是指经营国际货物运输代理、国际运输工具代理等业务，并兼营进出口货物的报关、纳税等事宜的报关企业。

电子口岸为该类用户提供通关、加贸、物流等申报系统（详细系统介绍见第四章、第五章）。一般情况下，报关企业主要使用电子口岸预录入系统的通关类子系统，如报关申报、转关申报等子系统，加贸类子系统以代理录入为主。报关企业使用电子口岸系统列表如表2－1所示。

表2－1　报关企业使用电子口岸系统列表

系统名称（电子口岸预录入系统）	能否使用	系统名称（执法系统）	能否使用
报关申报子系统	√	身份认证子系统	√
转关申报子系统	√	出口收汇子系统	×
公自用物品申报子系统	√	进口付汇子系统	×
跨境快速通关子系统	√	出口退税子系统	×
集中申报子系统	√	通关无纸化网上签约子系统	√
深加工结转子系统	√	代理报关委托子系统	√
电子账册子系统	√	环保许可证联网子系统	×
加贸权限管理子系统	√	自动许可证联网核查子系统	×
内销征税申报子系统	√	农药进出口联网查询子系统	×
出口加工区子系统	√		
无纸化手册子系统	√		
保税仓库子系统	√		
保税物流子系统	√		
保税核查子系统	√		
企业管理（新）子系统	√		
新舱单子系统	√		
运输工具子系统	√		
公路舱单子系统	√		
公路运输工具子系统	√		
减免税申报子系统	√		
减免税后续子系统	√		
备案数据下载子系统	√		

表2-1 续1

系统名称（电子口岸预录入系统）	能否使用	系统名称（执法系统）	能否使用
电子归类预审核申报子系统	√		
预归类申请子系统	√		

小贴士 电子口岸执法系统与电子口岸预录入系统介绍，详见本书第四章、第五章。

权威发布 报关企业定义：按照《中华人民共和国海关对报关单位注册登记管理规定》，报关企业是指经海关准予注册登记，接受进出口货物收发货人的委托，以进出口货物收发货人名义或者以自己的名义，向海关办理代理报关业务，从事报关服务的境内企业法人。报关企业是承启进出口货物发货人、承运人与海关及进出境相关机关之间通关活动的重要中介。

报关是指报关企业（报关人员）依据报关规范的要求，掌握进出口货物状况，并按照货物的情况和具体操作要领，为报关进行各项准备工作以及实际办理相关手续而形成的一套完整流程。

第二节　进出口货物收发货人

进出口货物收发货人在实际操作中一般称为外贸企业，它是进出口贸易的主体，外贸企业的业务往来重点在国外，通过市场的调研，把国外商品进口到国内来销售，或者收购、生产国内商品销售到国外，从中获取利润。

该类企业具有进出口经营权，分为专业外贸公司、工贸公司（俗称加工贸易企业）等，它们可以为本企业办理进出口货物报关手续，也可以委托报关企业代为办理报关手续。部分未在海关备案，不具备进出口经营资格的企业，需要进出口货物时，须委托具有进出口经营资格的企业代为办理进出口业务，该具有进出口经营资格的企业将以被委托人的名义办理通关手续。

一般情况进出口货物收发货人可以使用电子口岸预录入系统和执法系统中的各类子系统，进出口货物收发货人使用电子口岸系统列表如表2－2所示。

表2－2　进出口货物收发货人使用电子口岸系统列表

系统名称（电子口岸预录入系统）	能否使用	系统名称（执法系统）	能否使用
报关申报子系统	√	身份认证子系统	√
转关申报子系统	√	出口收汇子系统	√
公自用物品申报子系统	√	进口付汇子系统	√
跨境快速通关子系统	√	出口退税子系统	√
集中申报子系统	√	通关无纸化网上签约子系统	√
深加工结转子系统	√	代理报关委托子系统	√
电子账册子系统	√	环保许可证联网子系统	√
加贸权限管理子系统	√	自动许可证联网核查子系统	√
内销征税申报子系统	√	农药进出口联网查询子系统	√
出口加工区子系统	√		
无纸化手册子系统	√		
保税仓库子系统	√		
保税物流子系统	√		
保税核查子系统	√		
企业管理（新）子系统	√		
新舱单子系统	√		
运输工具子系统	√		
公路舱单子系统	√		
公路运输工具子系统	√		
减免税申报子系统	√		
减免税后续子系统	√		
备案数据下载子系统	√		
电子归类预审核申报子系统	√		
预归类申请子系统	√		

权威发布 进出口货物收发货人定义：按照《中华人民共和国海关对报关单位注册登记管理规定》进出口货物收发货人是指经海关准予注册登记，依法直接进口或者出口货物的中华人民共和国关境内的法人、其他组织或者个人。

第三节　无进出口权的加工贸易生产企业

加工贸易生产企业，在实际操作中，一般称为加工企业，从事来料加工、进料加工等加工生产业务。

该类企业无进出口经营权，一般情况可以使用电子口岸预录入系统和执法系统中的加贸子系统，使用电子口岸系统列表如表 2－3 所示。

表 2－3　无进出口权的加贸生产企业使用电子口岸系统列表

系统名称（电子口岸预录入系统）	能否使用	系统名称（执法系统）	能否使用
报关申报子系统	×	身份认证子系统	√
转关申报子系统	×	出口收汇子系统	×
公自用物品申报子系统	×	进口付汇子系统	×
跨境快速通关子系统	×	出口退税子系统	×
集中申报子系统	×	通关无纸化网上签约子系统	×
深加工结转子系统	√	代理报关委托子系统	×
电子账册子系统	√	环保许可证联网子系统	×
加贸权限管理子系统	√	自动许可证联网核查子系统	×
内销征税申报子系统	√	农药进出口联网查询子系统	×
出口加工区子系统	√		
无纸化手册子系统	√		
保税仓库子系统	√		
保税物流子系统	√		
保税核查子系统	√		

表 2-3　续 1

系统名称（电子口岸预录入系统）	能否使用	系统名称（执法系统）	能否使用
企业管理（新）子系统	√		
新舱单子系统	×		
运输工具子系统	×		
公路舱单子系统	×		
公路运输工具子系统	×		
减免税申报子系统	×		
减免税后续子系统	×		
备案数据下载子系统	√		
电子归类预审核申报子系统	×		
预归类申请子系统	×		

第三章　电子口岸入网办理

如果您是一家刚在海关注册的新企业，想办理中国电子口岸业务，该怎样办理呢？办理后有哪些好处呢？

办理电子口岸业务需要先办理质量技术监督局签发的“中华人民共和国组织机构代码证”，工商局签发的“企业法人营业执照”，国税局签发的“税务登记证”或“外商投资企业税务登记证”，商务部签发的“对外贸易经营者备案登记表”或“中华人民共和国外商投资企业批准证书”，海关签发的“中华人民共和国海关进出口收发货人报关注册登记证书”等证。

如果以上资料您都办理齐全了，接下来您需要了解电子口岸的好处和业务办理流程了。

中国电子口岸依托的是海关、外汇、国税、外贸、质检、银行等部门的联网，将进出口管理流信息、资金流信息、货物流信息集中存放在一个集中式的数据库中，随时为国家各行政管理部门提供跨部门、跨行业、跨地区的数据交换和联网核查，并向企业提供应用互联网办理报关、查询进出口核销单历史数据、出口退税等实时在线服务，实现部门间数据信息共享，方便企业办理进出口业务。

目前，企业可以利用电子口岸卡登录电子口岸执法系统办理出口退税、网上支付，查询出口收汇数据等业务，登录电子口岸预录入系统办理报关单录入申报查询、电子化手册录入申报查询、减免税录入申报查询等通关、加贸、免税类业务。电子口岸简化了通关手续，降低了企业成本，为企业业务的办理带来很大帮助和效益。

第一节　电子口岸用户办理流程

一、新用户电子口岸入网

一般新用户入网需要六个步骤。

小贴士 各地企业办理电子口岸业务所需资料及办理流程存在差异，详细情况请咨询企业所在地数据分中心，电话见附录。

第一步，提出入网申请，请您到所在地的数据分中心制卡窗口领取或网上下载“中国电子口岸企业情况登记表”和“中国电子口岸企业IC卡登记表”等相关表格，填写并加盖企业公章。

第二步，企业信息备案，请您到所在地的数据分中心制卡窗口进行企业信息备案工作，带上以下证件（正本或副本原件及复印件）。

（1）中华人民共和国组织机构代码证。

（2）企业法人营业执照。

（3）税务登记证或外商投资企业税务登记证。

（4）中华人民共和国海关进出口收发货人报关注册登记证。

（5）对外贸易经营者备案登记表或中华人民共和国外商投资企业批准证。

（6）中国电子口岸企业情况登记表和中国电子口岸企业IC卡登记表。

（7）外汇核销资格证明等文件资料。

数据分中心制卡窗口根据您提供的上述材料开展企业信息备案工作，并生成“中国电子口岸企业入网资格审查记录表”。

第三步，请您持“中国电子口岸企业入网资格审查记录表”，并分别携带“中华人民共和国组织机构代码证”、“企业法人营业执照”或“企业营业执照”、“税务登记证”或“外商投资企业税务登记证”到所在地技术监督局、工商局、税务部门进行企业入网资格审批工作。

第四步，制作企业法人卡、操作员卡及报关员卡，请您持所在地质量技术监督局、工商局、税务局审批通过的“中国电子口岸企业入网资格审查记录表”到数据分中心制卡窗口制作企业法人卡、操作员卡及报关员卡。

第五步，业务部门审批，您如需办理海关、外贸、外汇等相关业务，须分别携带“中华人民共和国海关进出口收发货人报关注册登记证书”、“对外贸易经营者备案登记表”或“中华人民共和国外商投资企业批准证书”、“中国电子口岸企业入网资格审查记录表”、外汇核销资格证明等文件到所在地海关、商务部门、外汇部门进行审批。

第六步，领取IC卡等软硬件设备，请您持“中国电子口岸企业入网资格审查记录表”到所在地数据分中心制卡窗口，缴纳IC卡、读卡器、客户端软件的成本费用后，领取上述软硬件设备。

以上步骤针对收发货人、加工贸易企业，如果您是报关企业，请带上以下资料。

（1）中华人民共和国组织机构代码证。

（2）企业法人营业执照。

（3）税务登记证或外商投资企业税务登记证。

（4）中华人民共和国海关进出口收发货人报关注册登记证。

（5）如企业有报关员，提供报关员制卡凭证。

（6）中国电子口岸企业情况登记表和中国电子口岸企业IC卡登记表。

办理步骤与收发货人、加工贸易企业类型一致。

新用户电子口岸入网办理流程如图3－1所示。

小贴士 （1）电子口岸新入网企业配备一张法人卡、若干张操作员卡或报关员卡、读卡器、客户端安装软件。

（2）新办电子口岸卡的初始密码都是8个8，须修改密码后方能操作业务。

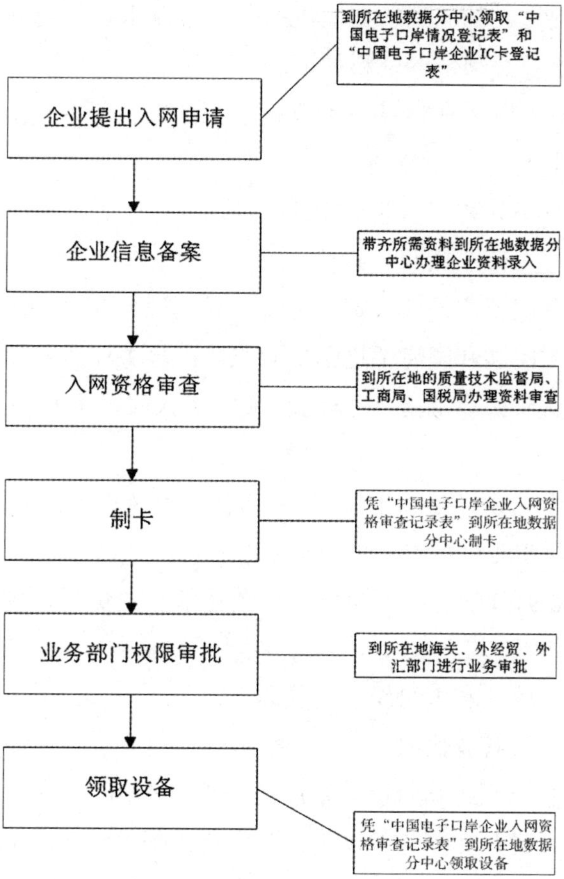

图3－1

（3）新企业装好客户端、读卡器等设备后，登录中国电子口岸主页右侧，点击在线购卡，进行新系统注册后方能操作电子口岸执法系统的子系统。

二、电子口岸企业备案信息变更流程

如果企业的法人代表改变，那么，需要到电子口岸做备案信息变更吗？

回答是肯定的，企业法人代表改变，是需要进行电子口岸备案信息变更的，其他如企业名称、经营范围、注册资金、企业性质、海关注册编码等信息如果有变更，都需到所在地数据分中心制卡窗口进行企业备案信息变更，变更步骤及必须带的资料如下。

第一步，带齐以下资料（正本或副本原件）去所在地数据分中心制卡窗口办理变更业务。

（1）中华人民共和国组织机构代码证。

（2）企业法人营业执照。

（3）税务登记证或外商投资企业税务登记证。

（4）中华人民共和国海关进出口收发货人报关注册登记证。

（5）对外贸易经营者备案登记表或中华人民共和国外商投资企业批准证。

（6）法人卡（须知法人卡密码）、操作员卡及报关员卡。

第二步，企业变更资料审批。

到所在地数据分中心制卡窗口进行企业信息变更后，须带资料（正本或副本原件）如下。

（1）中华人民共和国组织机构代码证。

（2）企业法人营业执照。

（3）税务登记证或外商投资企业税务登记证。

（4）中华人民共和国海关进出口收发货人报关注册登记证。

（5）对外贸易经营者备案登记表或中华人民共和国外商投资企业批准证，到所在地质监、国税、商务局、海关、外汇等审批部门审批信息变更。

三、电子口岸企业注销

企业申请电子口岸注销需要到所在地数据分中心制卡窗口办理，须带资料如下。

（1）企业组织机构代码证复印件。

（2）企业营业执照复印件。

（3）企业法人卡及所有操作员卡。

（4）准予注销登记通知书（由工商部门签发）原件及复印件。

（5）办理人的身份证。

（6）如果企业须带的证件已被收回，须让企业带上被收回证件的相关回执单、法人卡、操作员卡（报关员卡）。

小贴士 电子口岸卡数据变更后，电子口岸卡登录密码均恢复为8个8，须修改密码后方能操作业务。

第二节　电子口岸卡办理

一、电子口岸卡新增办理流程

如果办理新增电子口岸卡业务，需要到所在地数据分中心制卡窗口办理。

如果您的企业属于收发货人、加工贸易企业、报关企业，须带资料如下。

（1）提供电子口岸法人卡和法人卡密码。

（2）新增操作员的有效身份证原件和复印件，填写“中国电子口岸企业情况登记表”并加盖企业公章。

（3）主管外汇管理局审核通过的操作员新增（变更）表（或核销员申报表）。

（4）新增报关员卡，须带上报关员制卡凭证。

如果您是联网部门，须带如下资料。

（1）提供部门管理员卡及卡密码。

（2）提供新增部门操作员申报表并加盖企业公章。

（3）提供办理人身份证复印件。

二、电子口岸卡数字证书到期办理流程

如果登录中国电子口岸系统，提示“您的数字证书有效期截止到

20××年×月×日到期……”该怎么办呢?

遇到这种情况，您需要到所在地数据分中心制卡窗口办理数字证书更新手续。

如果您的企业属于收发货人、加工贸易企业、报关企业，须带以下资料。

（1）提供组织机构代码证原件。

（2）提供法人卡、操作员卡及报关员卡。

（3）填写电子口岸卡数字证书更新申报表并加盖企业公章。

如果您属于联网部门，须带以下资料。

（1）提供过期或即将过期的电子口岸卡。

（2）填写电子口岸卡数字证书更新申报表并加盖企业公章。

小贴士 电子口岸卡数据证书有效期限为2年，到期前1个月系统会提醒用户。

三、电子口岸卡解锁办理流程

如果您不小心输错几次电子口岸卡密码后，卡就会被锁定。此时，您应该到所在地的数据分中心制卡窗口办理解锁手续，须携带以下资料。

（1）提供被锁定的卡。

（2）提供持卡人的身份证原件及复印件。

（3）填写电子口岸卡解锁申报表并加盖企业公章。

小贴士 电子口岸卡密码如累计输错5次，系统将自动锁定。

四、电子口岸卡补办流程

如果您的电子口岸卡发生遗失，应及时挂失。企业法人卡挂失须向当地数据分中心制卡窗口提出申请，由数据分中心制卡窗口办理挂失手续。

企业操作员卡挂失可由法人卡持卡人登录中国电子口岸执法系统，直接进行挂失处理。

办理电子口岸卡丢失补办或卡片损坏补办须带如下资料。

（1）提供丢失或损坏的电子口岸卡持卡人身份证原件。

（2）填写电子口岸卡挂失、换卡申报表并加盖企业公章。

五、电子口岸卡作废、冻结、注销办理流程

暂时离开工作岗位或已经离开工作岗位的操作员卡可分别进行冻结、作废及注销处理，您可以用法人卡登录中国电子口岸执法系统，直接进行上述操作。

小贴士　电子口岸卡各办理流程中的密码使用注意事项

（1）新增办理：

新办电子口岸卡的初始密码都是8个8，须修改密码后方能操作业务。

（2）到期办理：

电子口岸卡数据证书满两年有效期后，到期更新后初始密码均恢复为8个8，须修改密码后方能操作业务。

（3）解锁办理：

解锁后的电子口岸卡密码均恢复为8个8，须修改密码后方能操作业务。

（4）补办办理：

新补办的电子口岸卡密码均为8个8，须修改密码后方能操作业务。

第三节　电子口岸卡类型及权限

成功办理电子口岸卡后，您需要了解各种类型卡的用途。下面我们将为您详细介绍。

一、电子口岸法人卡及权限

企业法人卡，如图3－2所示，是指在中国电子口岸中唯一代表企业身份的IC卡。该卡由企业的法定代表人或其指定的人员持有，企业可以为本企业人员申领操作员卡，并对本企业的操作员卡进行停用、注销等管理，可以以法人名义对本企业的电子文件进行数字签名。

图3－2

二、电子口岸操作员卡及权限

企业操作员卡，如图3－3所示，用于企业内部人员身份认证，其持有者经法人卡申请和主管部门批准后，可在中国电子口岸进行具体业务操作，并对填写、修改的电子文件进行个人名义的数字签名。但经法人卡授权登记，操作员卡也可代表企业对授权范围内的电子文件进行数字签名。

三、报关员卡及权限

企业报关员卡，正面见图3－4，反面见图3－5，其持有人经法人卡申请，具有电子口岸操作员卡的所有功能和向海关发送报关数据的功能。

图 3－3

图 3－4

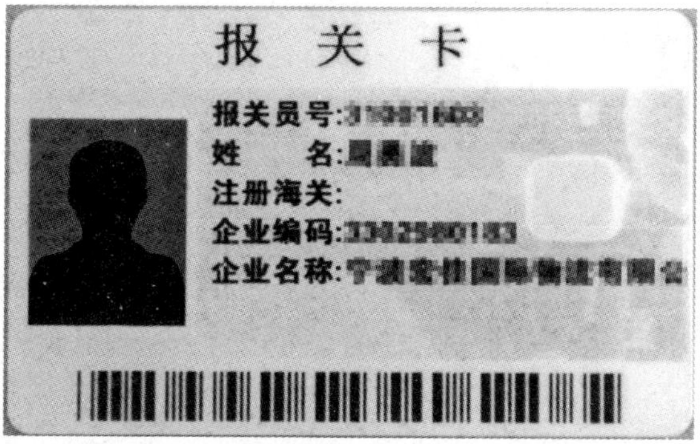

图 3－5

四、联网部门电子口岸卡及权限

联网部门电子口岸卡是指海关、外经贸、税务、工商、外汇管理、质量技术监督、银行7个部门所持有的部门管理员卡和部门操作员卡，其主要功能是对电子口岸企业用户申请使用口岸电子执法系统进行身份认证、资格审查及业务数据审批，其中质量技术监督局、工商局、国税局是用来对企业进行入网资格审批，商务部、海关、外汇管理局则用来对企业的业务权限进行审批，银行是对企业收汇及付汇申请进行审批。

第四章　电子口岸执法系统

如果您是一家新办理电子口岸的企业，想进行出口退税，进入电子口岸执法系统出口退税子系统可以提供数据查询、数据报送功能，让您顺利完成出口退税的网上业务申报。

下面就为您详细介绍一下执法系统及其子系统的功能和流程。

第一节　执法系统简介

一、系统简介

中国电子口岸执法系统是国务院有关部委将分别掌管的进出口业务信息流、资金流、货物流等电子底账数据集中存放到口岸公共数据中心，为各行政管理部门提供跨部门、跨行业的行政执法数据联网核查，并为企业及中介服务机构提供网上办理进出口业务服务的数据交换平台。

具有进出口能力的大、中、小型企业都必须注册成为中国电子口岸用户，一方面企业可通过身份认证子系统将企业基本信息进行网上备案，网上备案信息必须与各有关部委核发的证件信息保持一致，信息包含：组织机构代码证、工商营业执照、国税税务登记证、海关进出口证明、商务部批准证，如以上相关证件信息有变更，须及时对网上备案信息进行变更，网上备案信息须经各部委网上审批后方可生效；另一方面企业可通过中国电子口岸执法系统向有关部委报送需审批的进出口业务数据。例如，向当地国税局申报退税信息，提高办事效率。

二、系统安装及登录

（1）放入安装光盘，正面见图 4－1，反面见图 4－2，双击安装光盘根目录下的 SETUP. EXE 文件，进入客户端程序安装首个界面。

图 4－1

（2）在许可证协议选择界面，选择“我接受许可证协议中的条款”，点击“下一步”。

（3）在安装类型选择界面，选择“安全”，点击“下一步”。

（4）在系统安装过程中弹出认证书存储选项框时，选择“是（Y）”，点击“下一步”。

（5）当系统在自动安装读卡器程序时，会弹出“没有找到数字签名”的对话框，选择“是（Y）”或“仍然继续”。

（6）在东方口岸安全数据库注册向导界面，录入注册码，点击“下一步”录入基本信息后，点击“完成”。

（7）系统安装完成后，选择“是，立即重新启动计算机”，点击“完成”。重新启动计算机后，在桌面左下角的“开始”—“程序”—“电子口

图 4－2

岸客户端程序”中将显示相关功能菜单。在用户桌面有电子口岸主页的链接（www. chinaport. gov. cn），用户可以通过此链接登录电子口岸执法系统。

小贴士　（1）安装过程中电子口岸读卡器（见图 4－3）需连接到电脑。

图 4－3

（2）新电子口岸卡进入电子口岸执法系统操作业务必须先进行申请注册，用户可在中国电子口岸主页右侧，点击“在线购卡”（见图4－4），按提示进行新系统注册即可。

图4－4

单击“点击进入”如图4－5所示，即可打开密码输入界面，如图4－6所示。

将电子口岸卡插入读卡器，输入初始密码8个8，点击“确认”就可以登录电子口岸执法系统，如图4－7所示。

小贴士 （1）由于地区不同，登录后，执法系统主界面会略有不同。

（2）新用户登录电子口岸执法系统，初始密码为8个8。

（3）输完密码后无法正常登录，页面左下角提示“网页有错误”。请下载密码输入框右边的一键修复工具，安装后重启电脑，一般情况能正常登录。

（4）输完密码后无法正常登录，提示“初始化串口1或初始化串口2

欢迎进入中国电子口岸网站
关于我们　设为首页　中国电子口岸邮箱
中国电子口岸 China E-port
首页　公告　新闻动态　新项目推广　专题策划　政策法规　统计信息　客服专区　网上授课　站内搜索
安全技术服务用户登录
点击进入
中国电子口岸执法系统
新闻动态
内贸十二五规划即将出台　家电汽车建材成重...
规划立足扩大内需特别是消费需求战略，旨在加快转变国内贸易发展方式，充分发挥国内贸易在引导生产、扩大消费、增加就业、调结构等方面的作用。
完善中国服务贸易需“三步走”
更多>>
发达国家常采取金融、财政和税收等政策促进本国服务贸易发展，我国应该借鉴这种发展经验，为我所用，助力我国服务贸易更好发展。
美国就中国对美汽车征收“双反”... NEW　外贸发展“十二五”规划六点发力 NEW
外汇管理改革：出口企业不再办理... NEW　【人民日报】全球制造业呈萎缩态... NEW
全球制造业萎缩　外贸出口风险加...　NEW　完善出口政策支持企业开拓市场
公告　更多>>
中国电子口岸数据中心关...
为进一步提高电子口岸系统运行的稳定性，中国电子口岸数据中心定于2012年6月29日（周五）22:00-24:00，进行电...
中国电子口岸数据中心关于安全...
中国电子口岸数据中心关于数据...
关于启用2012版《中华人民...
新项目推广　更多>>
出口退税系统出口报...
免税品监管系统项目
关库联网核销系统
农药进出口电子数据...
为降低出口企业在向国税总局进行出口退税申报时的报关单数据录入工作量，同时保证出口退税申报数据的准确度
客服专区
客服热线：010-95198
投诉电话：010-65194703
新用户导航　业务指南　下载中心　常见问题　分支机构
中国电子口岸用户服务双月刊
海关企业管理网上办事平台
在线购卡
集成通

图 4－5

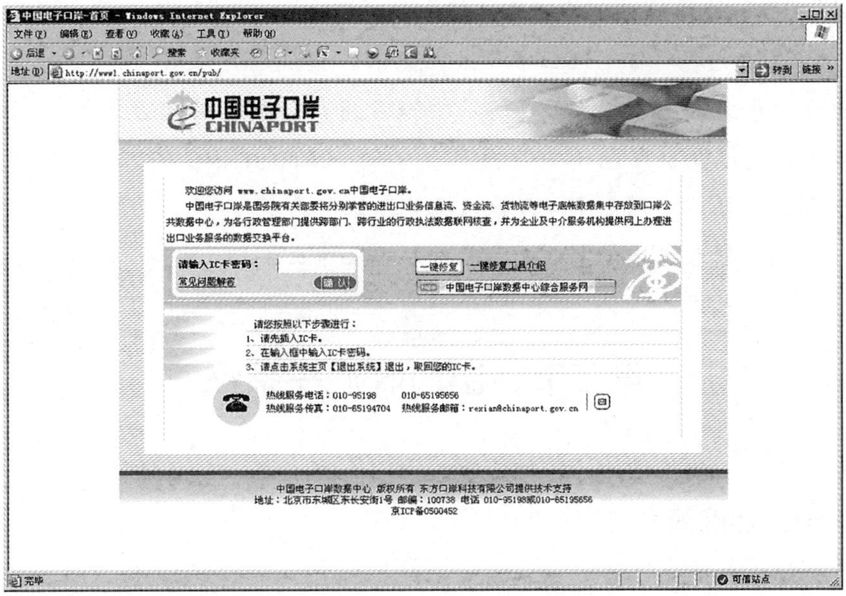
中国电子口岸-首页 - Windows Internet Explorer
文件(F)　编辑(E)　查看(V)　收藏(A)　工具(T)　帮助(H)
后退　搜索　收藏夹
地址(D)　http://www1.chinaport.gov.cn/pub/
转到　链接
中国电子口岸 CHINAPORT
欢迎您访问 www.chinaport.gov.cn中国电子口岸。
中国电子口岸是国务院有关部委将分别掌管的进出口业务信息流、资金流、货物流等电子底帐数据集中存放到口岸公共数据中心，为各行政管理部门提供跨部门、跨行业的行政执法数据联网核查，并为企业及中介服务机构提供网上办理进出口业务服务的数据交换平台。
请输入IC卡密码：
常见问题解答
确认
一键修复　一键修复工具介绍
中国电子口岸数据中心综合服务网
请您按照以下步骤进行：
1、请先插入IC卡。
2、在输入框中输入IC卡密码。
3、请点击系统主页【退出系统】退出，取回您的IC卡。
热线服务电话：010-95198　010-65195656
热线服务传真：010-65194704　热线服务邮箱：rexian@chinaport.gov.cn
中国电子口岸数据中心 版权所有 东方口岸科技有限公司提供技术支持
地址：北京市东城区东长安街1号 邮编：100738 电话 010-95198或010-65195656
京ICP备0500452
完毕
可信站点

图 4－6

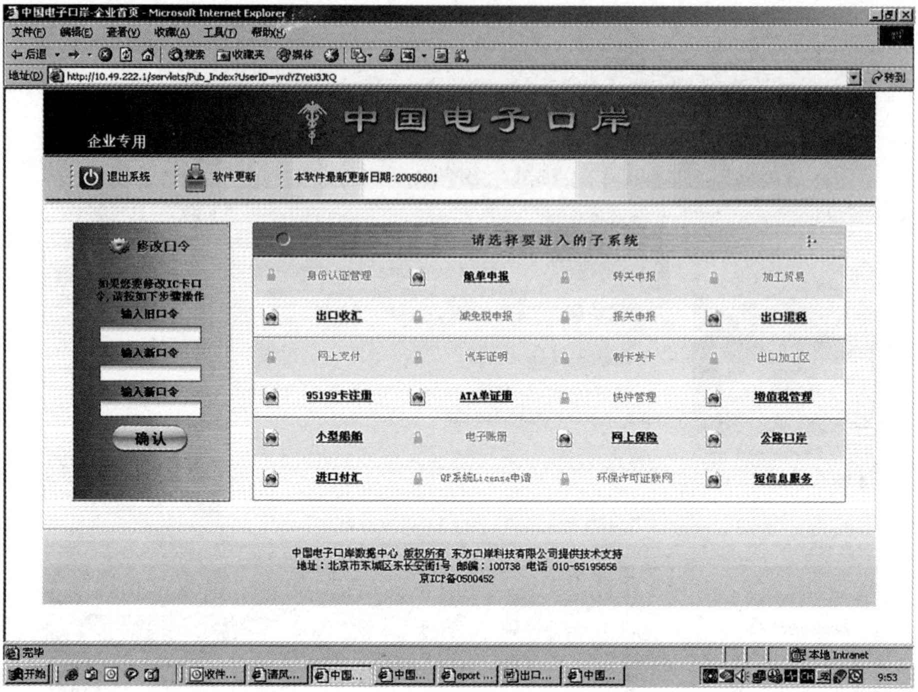

图 4－7

失败”。请检查或重装读卡器即可解决相关问题。

（5）输完密码后无法正常登录，提示“验证用户证书出错”。请确认该电子口岸卡用户证书是否已过期（通常用户证书有限期为 2 年）。如果未过期，请通过中国电子口岸首页（www. chinaport. gov. cn）中“下载中心”下载安装“中国电子口岸执法服务器证书更新程序”。

（6）须修改操作员卡初始密码后方能操作业务。

第二节　出口收汇子系统

一、功能简介

出口收汇子系统是针对用户出口收汇环节开发的，该系统为用户提供报关单收汇核销联打印、出口结关报关单查询、组合查询、出口收汇核查情况查询功能。

报关单收汇核销联打印界面，如图 4－8、图 4－9 所示。

结关报关单查询界面，如图 4－10 所示。

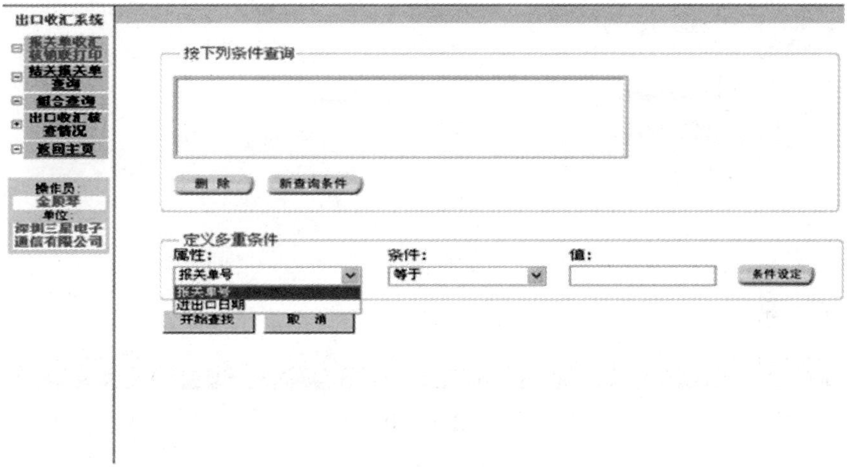

图 4－8

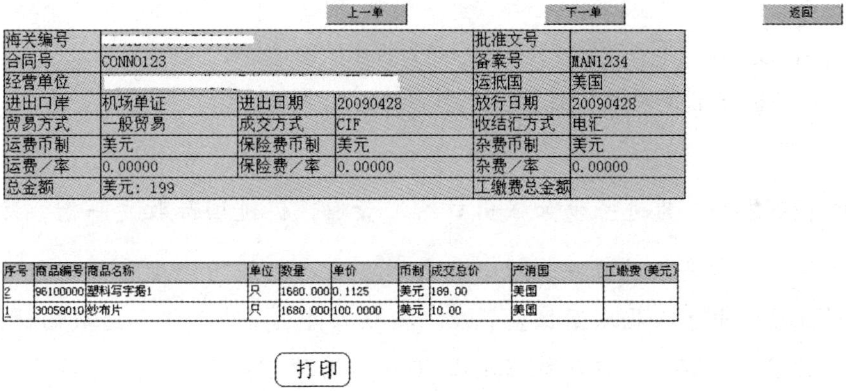

上一单　下一单　返回

海关编号				批准文号	
合同号	CONN0123			备案号	MAN1234
经营单位				运抵国	美国
进出口岸	机场单证	进出日期	20090428	放行日期	20090428
贸易方式	一般贸易	成交方式	CIF	收结汇方式	电汇
运费币制	美元	保险费币制	美元	杂费币制	美元
运费／率	0.00000	保险费／率	0.00000	杂费／率	0.00000
总金额	美元：199			工缴费总金额	

序号	商品编号	商品名称	单位	数量	单价	币制	成交总价	产消国	工缴费(美元)
2	96100000	塑料写字摞1	只	1680.000	0.1125	美元	189.00	美国	
1	30059010	纱布片	只	1680.000	100.0000	美元	10.00	美国	

打印

图 4－9

小贴士　外汇管理 A 类企业在打印出口报关单收汇核销联时应使用 A4 打印纸，外汇管理 B 类和 C 类企业，不能通过电子口岸系统打印出口报关单收汇核销联，需要去当地海关打印。

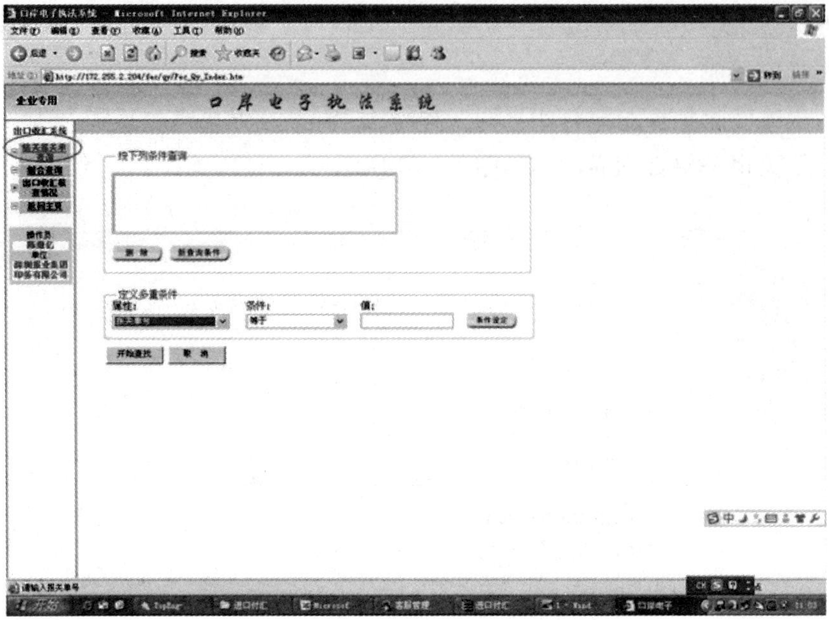

图 4 –10

二、业务流程

出口收结汇业务流程，如图 4 –11 所示。

出口收汇联网核查操作流程，如图 4 –12 所示。

权威发布 为进一步加强出口结汇管理，促进国际收支平衡，防范违规资金从贸易渠道流入，对全部出口企业的逐笔结汇实行出口报关单可核注结汇电子数据联网核查管理。按照海关总署、外汇局达成的协议，海关总署向中国电子口岸数据中心（以下简称“数据中心”）传输企业已结关报关单电子底账数据，外汇局向数据中心提供不同贸易方式可结汇的业务规则，并委托数据中心批量汇总不同贸易方式出口报关单可核注结汇金额，向中国电子口岸银行端发送，供办理出口结汇的外汇指定银行（以下简称“结汇银行”）进行查询、核注。企业办理每笔结汇业务时，对于有可核注结汇金额的，由结汇银行对出口报关单可核注结汇金额进行联网核注操作。

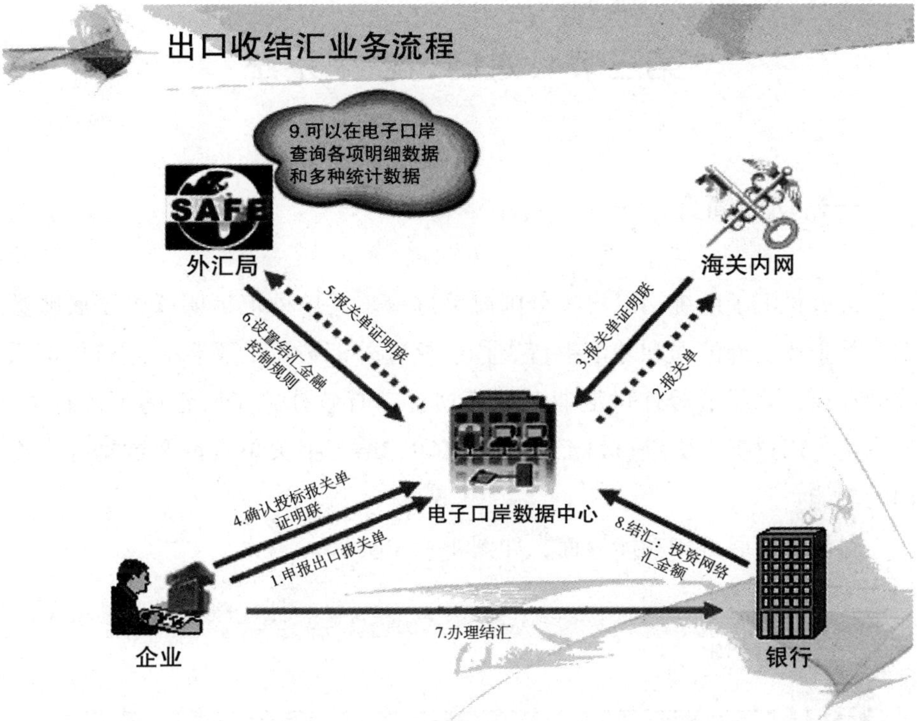
出口收结汇业务流程
9.可以在电子口岸查询各项明细数据和多种统计数据
SAFE
外汇局
海关内网
5.报关单证明联
6.设置结汇金融控制规则
3.报关单证明联
2.报关单
电子口岸数据中心
4.确认投标报关单证明联
1.申报出口报关单
8.结汇：投资网络汇金额
7.办理结汇
企业
银行

图 4－11

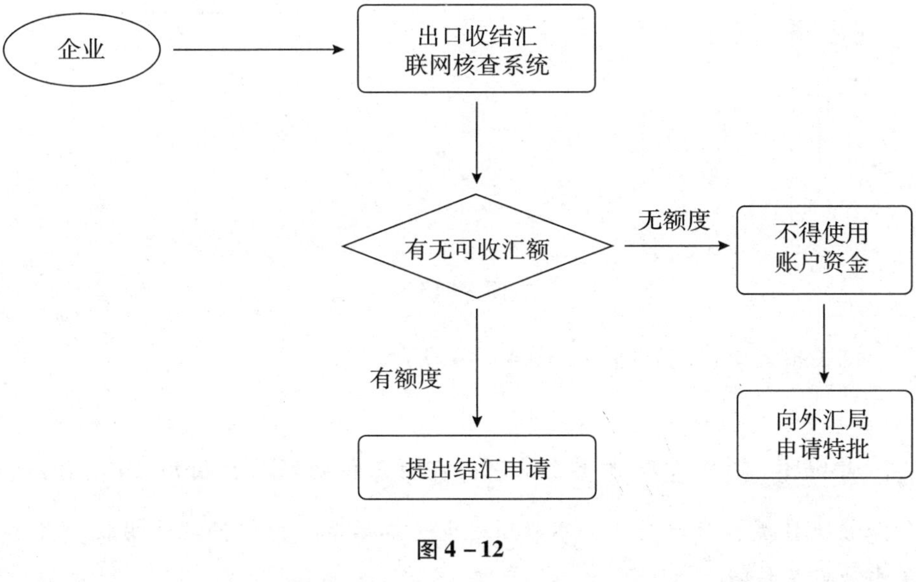
企业
出口收结汇联网核查系统
有无可收汇额
无额度
不得使用账户资金
有额度
提出结汇申请
向外汇局申请特批

图 4－12

第三节　进口付汇子系统

一、功能简介

进口付汇子系统，汇集了全国海关进口报关单外汇证明联电子底账数据，是企业、外汇局和外汇银行查询、核查外汇数据的平台。进口付汇系统的存在，确保了对外付汇业务的真实性，有效杜绝了骗汇的不法行为。该系统为用户提供了进口付汇证明联打印、结关报关单查询及数据综合查询的功能。

付汇证明联打印功能界面，如图 4－13 所示。

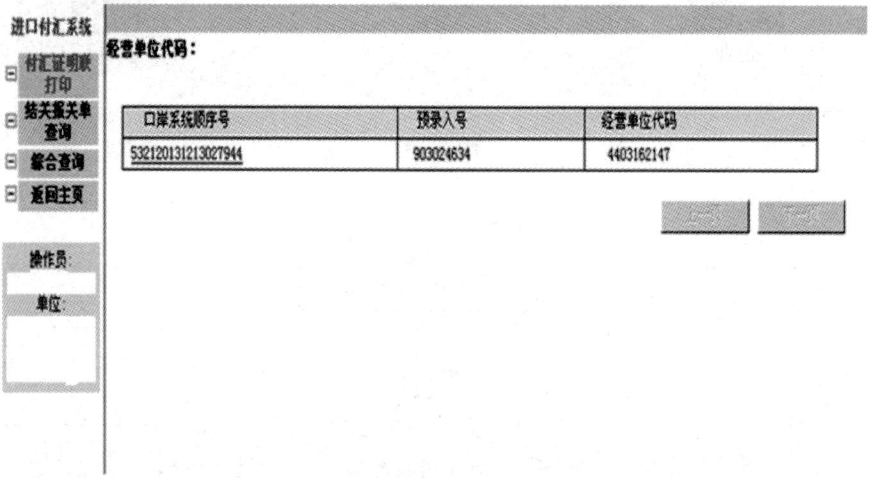

图 4－13

结关报关单查询界面，如图 4－14 所示。

小贴士　外汇管理 A 类企业在打印付汇证明联时应使用 A4 打印纸，外汇管理 B 类和 C 类企业，不能通过电子口岸系统打印付汇证明联，需要去当地海关打印。

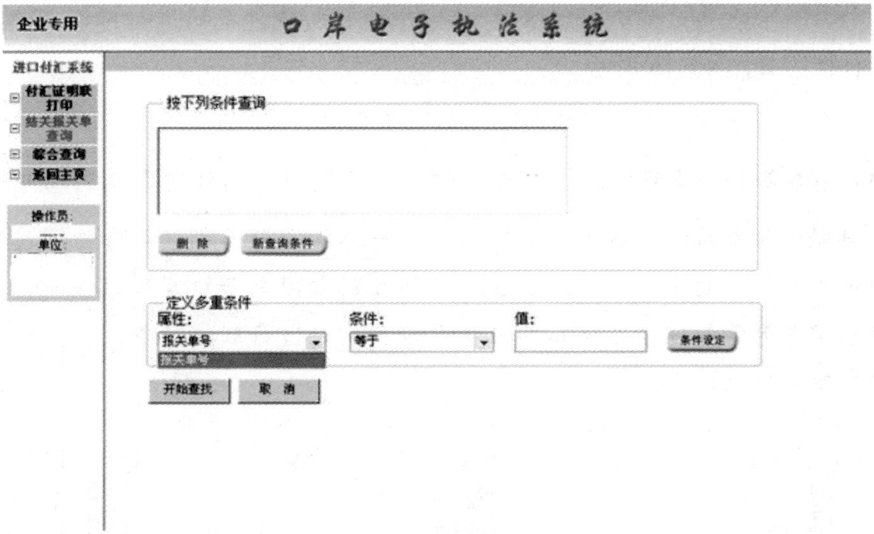

图 4－14

二、业务流程

（1）企业通过登录电子口岸利用网络将报关单电子数据交由指定银行或外汇局进行付汇，业务流程如图 4－15 所示。

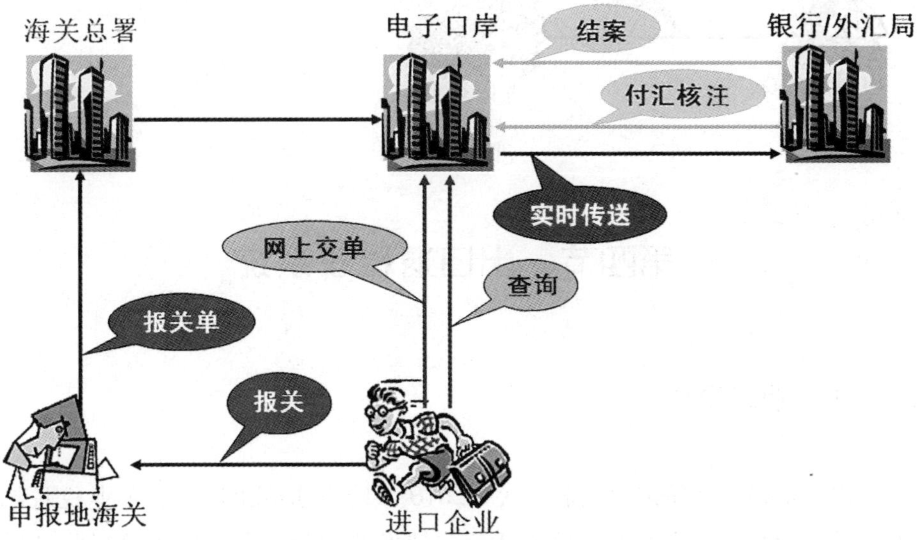

图 4－15

（2）企业直接持电子口岸 IC 卡到指定银行或外汇局进行付汇，业务操作流程如图 4－16 所示。

权威发布 进口付汇子系统是针对企业进口付汇环节开发的进口报关单联网核查系统。该系统是将海关总署采集的全国各口岸海关“进口报关单外汇证明联”电子底账数据，存放到中国电子口岸数据平台，提供全国各外汇管理分支局和外汇指定银行实时进行联网核查，指定银行实地进行联网核查。

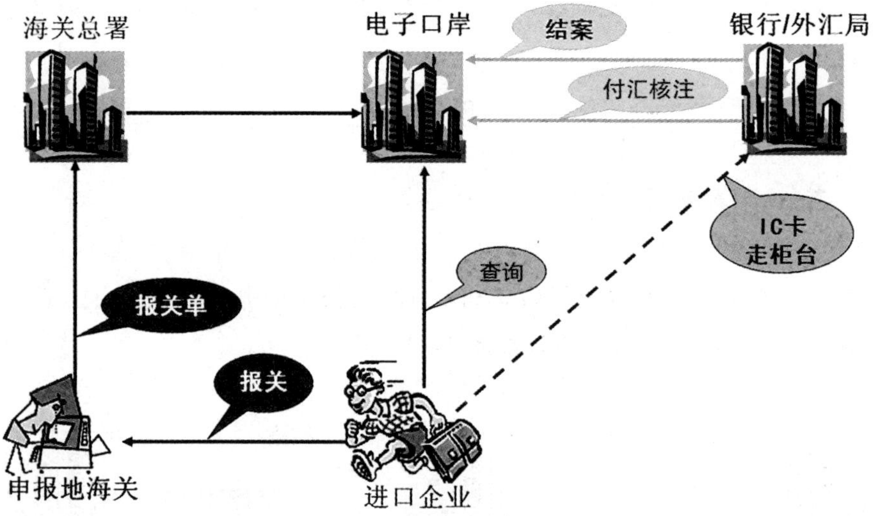

图 4－16

第四节　出口退税子系统

一、功能简介

出口退税子系统能够接收海关 H2010 系统发送的出口报关单退税联数据，并将此数据交由企业交单确认后，转发给国税总局，国税总局收到后通过网络下发给各地国税局。

为了方便企业向国税局办理出口退税申报，减少出口退税数据的重复录入，电子口岸在出口退税子系统中开发了报关单下载功能。出口企业通过此功能下载本企业已确认的出口退税报关单数据，再导入国税的出口退税申报系统即可，而不需再手工录入出口退税申报数据。

系统功能主界面，如图 4－17 所示。

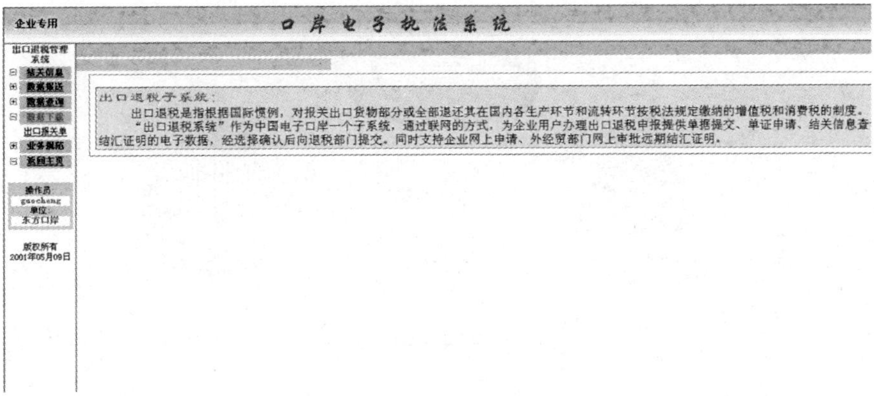

图 4－17

二、业务流程

出口退税子系统数据流转，如图 4－18 所示。

（1）企业通过出口退税子系统，对本期报关单数据进行确认。

（2）企业通过出口退税子系统，将确认的报关单数据下载至本地（允许企业重新下载确认的出口报关单数据），数据下载界面如图 4－19 所示。

（3）企业通过国税的出口退税申报系统，读入下载的报关单数据（支持读入多个文件）。

（4）企业在国税的出口退税申报系统对读入的报关单数据进行处理，形成出口退税申报数据。

（5）企业开展出口退税申报。

系统操作流程，如图 4－20 所示。

权威发布 出口退税工作是一项政策性强、管理环节多、涉及面广的

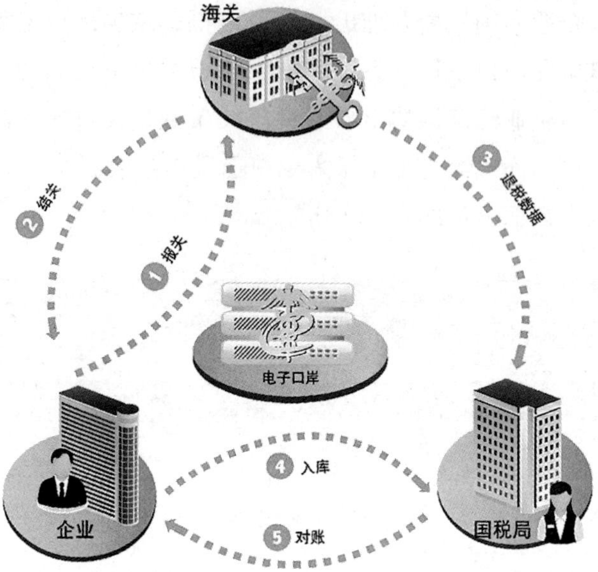

图 4－18

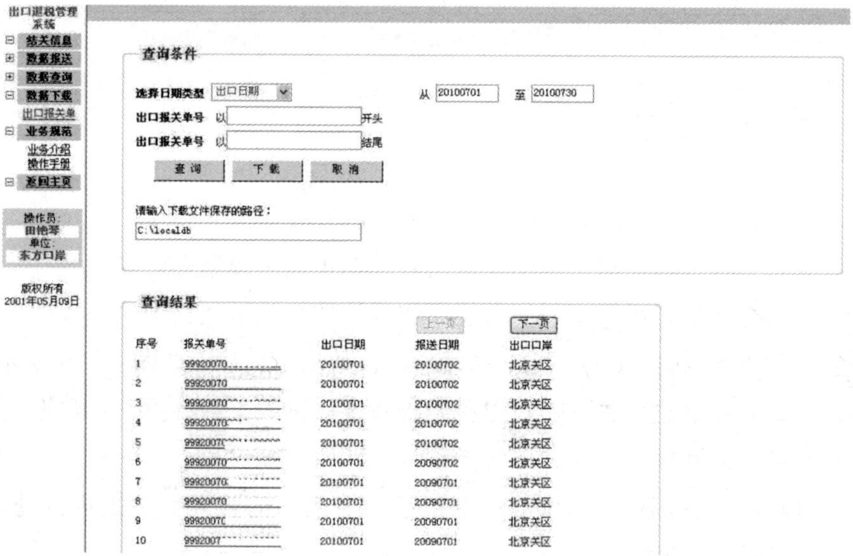

图 4－19

工作，具体操作及计算的工作量很大，特别是随着我国改革开放的不断深入和外贸出口的迅猛发展，出口退税的规模也大幅度地增长。与此同时，一些不法分子利用退税审核的薄弱环节，采取种种非法手段骗取出口退税

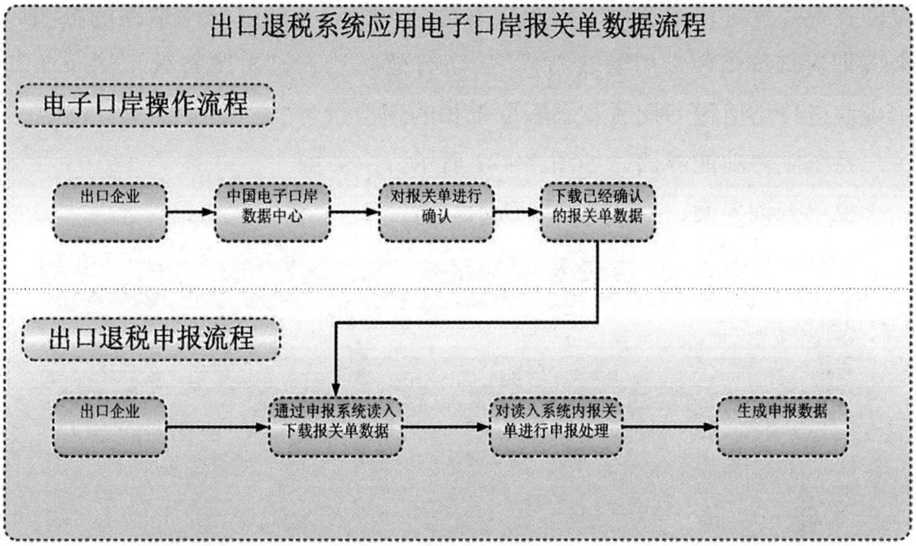

图 4－20

的活动也时有发生，因此亟须一套严谨、科学的出口退税管理办法。

出口退税子系统充分发挥中国电子口岸中各部委数据互联的优势，简化现有的企业出口退税申报流程，同时，通过与电子口岸执法系统的其他部分互联，保证企业申报数据的正确性、规范性、合法性，有效杜绝了违法骗税活动，使出口退税工作得以健康发展。一方面，它保护了守法企业的利益，使它们及时、足额地得到退税税款，同时又防范和打击了那些不法企业的出口欺诈和骗税行为；另一方面，它也强化了退税机关内部管理的监督制约机制，有效防范了腐败行为的发生。

第五节　增值税管理子系统

一、功能简介

该系统提供税单确认、清单下载、税单查询等功能。它借助电子口岸的公共数据库，充分发挥网络资源优势，将企业进口增值税税票数据集中存放到公共数据库供国税局征税部门、企业及海关授权使用。国税局通过调阅查看海关进口增值税专用缴款书数据，核对企业进口增值税的抵扣凭证（即进口增值税专用缴款书），从而有效防止、打击及查处不法企业利用虚假进口增值税专用缴款书骗取抵扣的违法行为。

系统主要功能界面，如图 4 – 21 所示。

税单查询界面，如图 4 – 22 所示。

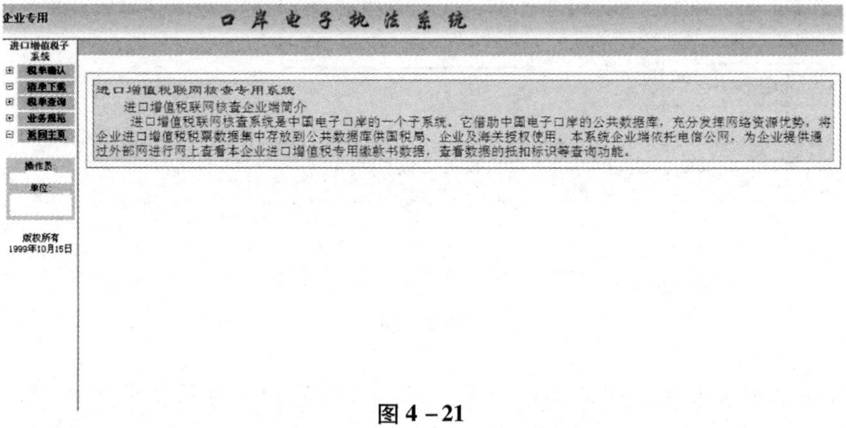

图 4 – 21

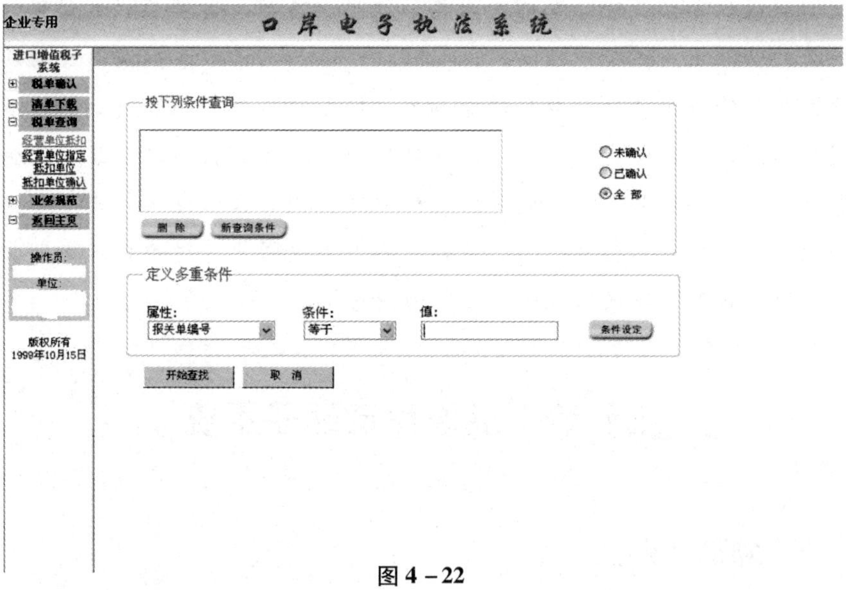

图 4 – 22

二、业务流程

企业进口货物向海关申报并向银行缴纳税款后，海关将核销后的企业进口增值税专用缴款书的电子数据传送到公共数据库，公共数据中心根据海关所传的电子数据实时更新公共数据库。当企业销售进口货物并向国税局征收部门缴纳增值税时，企业可凭进口增值税抵扣凭证向国税局申请抵扣。国税局要对税单做抵扣处理时，可通过内、外网查询、核对企业所提供的抵扣凭证，并做数字签名。系统对经国税局数字签名的电子数据添加抵扣标志。当企业向海关做报关单修改申请时，海关则可上网查看企业进口增值税的抵扣标志。企业亦可网上查询本企业进口增值税专用缴款书的数据。其具体流程如下所示。

（1）国税局网上查看企业进口增值税专用缴款书的电子数据，核对企业提供的抵扣凭证。

（2）国税局网上对经国税局抵扣处理的进口增值税专用缴款书电子数据进行数字签名，系统则自动对参加抵扣的数据添加抵扣标志。

（3）企业网上查看本企业进口增值税专用缴款书数据，查看数据的抵扣标志。

（4）当企业向海关申请要求修改报关单数据时，海关网上查看企业进口增值税专用缴款书电子数据的抵扣标志。

小贴士 进口增值税是对进口货物的企业、单位和个人，就其货物进口金额为征收对象由海关代为课征的一种流转税。进口增值税的抵扣是企业增值税抵扣的一部分，是指国家对企业在进口货物时已经负担的增值税税款，当货物在国内销售时予以计入进项税额加以抵扣的一项政策。

第六节 通关无纸化网上签约子系统

一、功能简介

通关无纸化网上签约子系统可以实现通关无纸化企业（经营单位和申

报单位）、电子口岸和海关的三方电子签约。

系统功能如下：

三方协议签约：用于企业与海关、电子口岸签署通关无纸化协议。

三方协议解约：用于企业解除已经签署的协议。

三方协议查询：用于企业查询已经与直属海关签署的协议，并展示其状态和生效日期。

系统功能主界面，如图 4－23 所示。

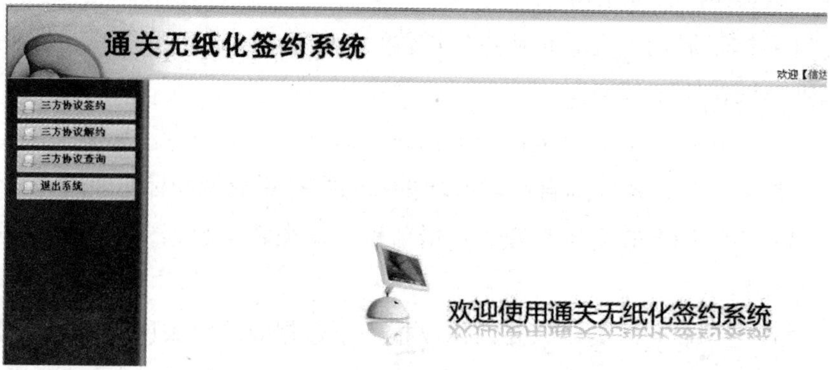

图 4－23

三方协议签约界面，如图 4－24 所示。

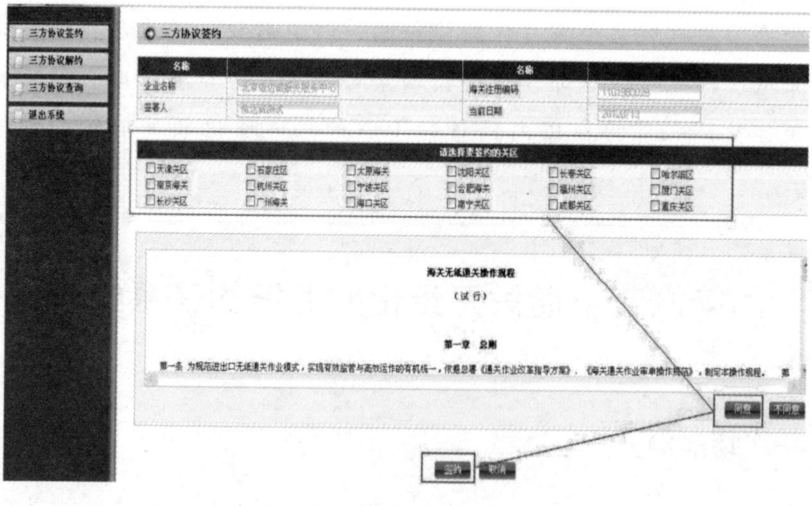

图 4－24

三方协议解约界面，如图 4－25 所示。

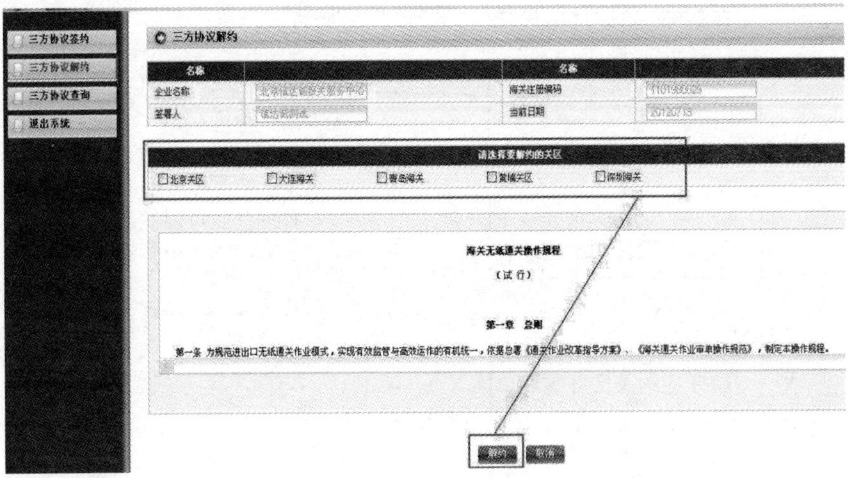

图 4－25

三方协议查询界面，如图 4－26 所示。

图 4－26

二、业务流程

通关无纸化三方协议签约的三方是指企业、海关、电子口岸。其中，申报单位和经营单位都要分别与海关、电子口岸进行签约。企业用户必须使用企业法人卡进行签约，一家企业可以与多个关区进行签约。

签约流程如图 4－27 所示。

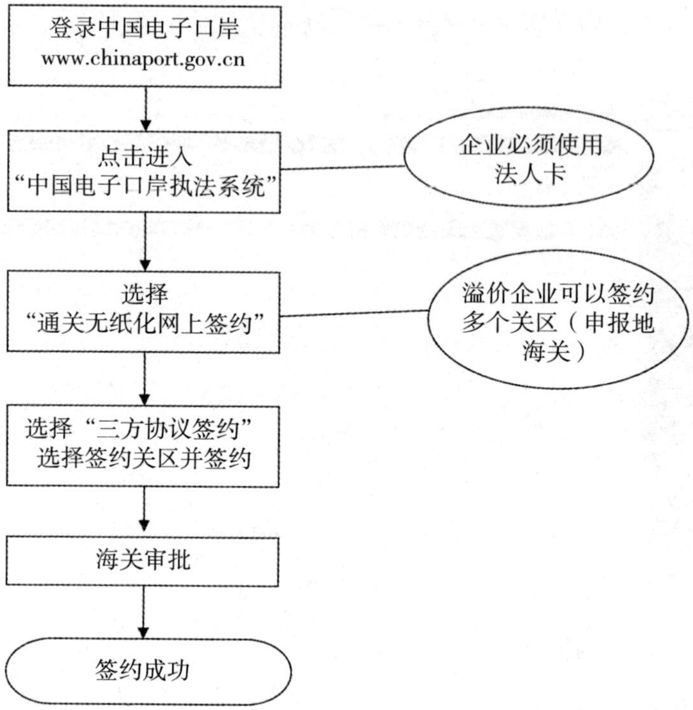

图 4 – 27

小贴士 通关作业无纸化企业网上签约环节注意事项

（1）签约三方是指企业、海关、电子口岸。申报单位和经营单位都要分别与海关、电子口岸进行签约。

（2）签约的系统是按照海关 10 位编码识别的，不是按照组织机构代码（9 位）识别的。

（3）同一家企业可以与多个关区进行签约。

（4）进行该系统操作必须使用企业法人卡，不能使用操作员卡。

（5）关区列表显示的是申报地海关，不是口岸海关。如客户须在宁波口岸进行通关无纸化申报，须与宁波海关进行签约。

（6）当与该关区签约后，关区列表中不再显示该关区，只列出没有签约的关区。

（7）在完成签约后须等待 1 – 2 个工作日海关审批。事后客户须查看三方协议“查询”一栏，此栏中显示有“具体生效日期”且协议状态为

“签约海关审批”则为签约成功。

(8) 协议解约后，企业也可进入该系统菜单项下查询是否解约成功。解约不需要海关审批。

权威发布 通关作业无纸化适用企业：海关管理类别为B类及以上企业（详细情况以当地海关规定为准）。

根据海关总署公告2013年第19号（关于深化通关作业无纸化改革试点工作有关事项的公告），通关作业无纸化是指海关以企业分类管理和风险分析为基础，按照风险等级对进出口货物实施分类，运用信息化技术改变海关验核进出口企业递交纸质报关单及随附单证办理通关手续的做法，直接对企业通过中国电子口岸录入申报的报关单及随附单证的电子数据进行无纸审核、验放处理的通关作业方式。

对于经海关批准且选择“通关作业无纸化”方式申报的经营单位管理类别为AA类企业或A类生产型企业的，申报时可不向海关发送随附单证电子数据，通关过程中根据海关要求及时提供，海关放行之日起10日内由企业向海关提交，经海关批准符合企业存单（单证暂存）条件的可由企业保管。

对于经海关批准且选择“通关作业无纸化”方式申报的经营单位管理类别为A类非生产型企业或B类企业的，应在货物申报时向海关同时发送报关单和随附单证电子数据。

第七节 代理报关委托子系统

一、功能简介

报关企业登记界面，如图4－28所示。

经营单位与某报关单位在首次建立电子报关委托关系时，通过点选左侧菜单中的“选择报关企业”、“发起委托申请”两个子菜单，均可实现向目标报关企业发起委托关系建立的申请。“选择报关企业”界面，如图 4－29 所示。

图 4－28

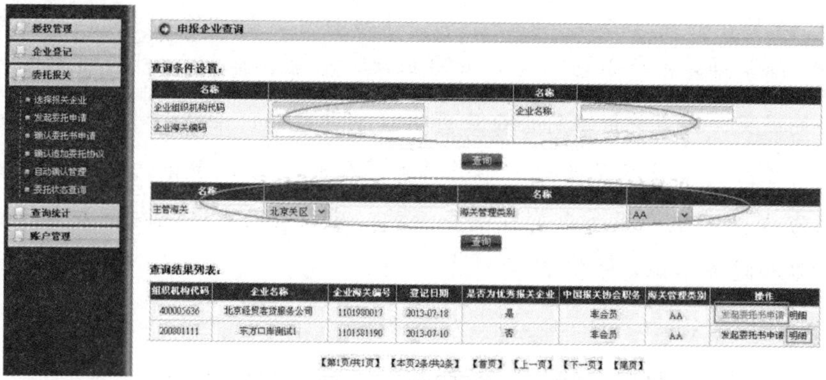

图 4－29

委托书和委托协议界面，如图 4－30 所示。

委托书、委托协议确认界面，如图 4－31 所示。

二、业务流程

报关企业使用该系统前，均须使用报关企业法人卡进行“报关企业信息登记”，并由当地报关协会审核通过。

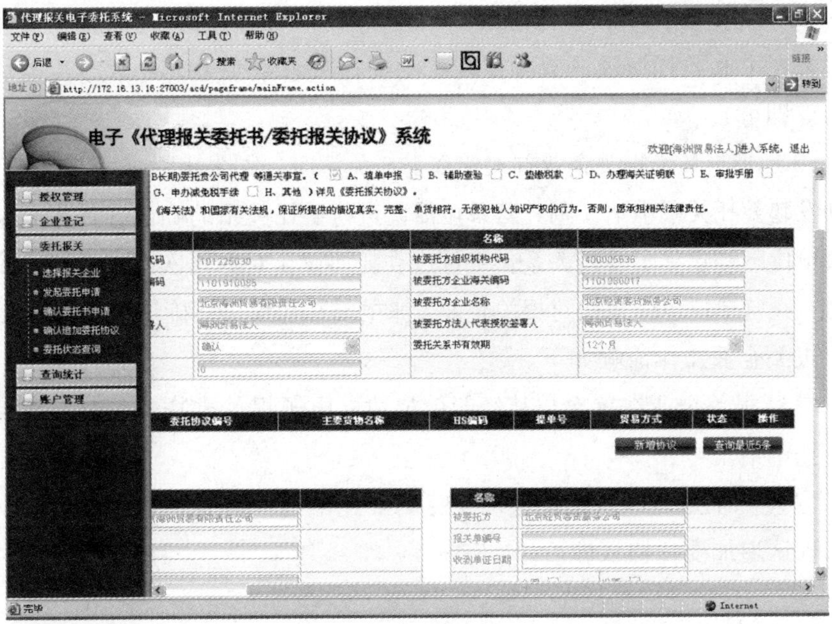

图 4－30

图 4－31

报关委托双方企业（经营单位、报关企业），均可以向对方发起委托申请，也可以确认对方发来的委托申请，同时查询委托申请状态。

经营单位操作流程如下。

（1）经营单位与某报关单位在首次建立电子报关委托关系时，首先选择报关企业。

（2）建立委托书和委托协议（经营单位如果此前已经与某报关企业签订过委托书和委托协议，双方在既有的委托关系基础上，经营单位追加委托协议即可）。

（3）当与某个报关企业首次建立委托关系时，如果由对方（报关企业）主动发起委托关系申请，则经营单位需要进行委托关系的确认（如果与某个报关单位已经建立了委托关系，签订过委托协议，对方再次发来委托协议申请时，经营单位也应再次对报关企业发来的委托协议进行确认操作）。

报关企业操作流程如下。

（1）报关企业在首次与某经营单位建立电子报关委托关系时，直接发起委托申请。

（2）如果是由经营单位主动发起的委托申请，报关企业确认委托书申请、确认追加委托协议即可。

小贴士 报关企业用户通过该系统向当地报关协会申报其企业基本登记信息，登记信息申报后，需要经过当地报关协会审核，审核通过后，报关企业用户方可使用该系统进行委托申请、确认等操作。进行“报关企业信息登记”时必须使用报关企业法人卡。

此外，企业基本登记信息的部分内容（不包含管理者身份信息和联系方式）也作为经营单位用户在系统中进行报关委托时的查询结果，供其参考、联系用。用户应如实详尽地填写本企业的基本信息。

在该系统中，报关委托双方企业（经营单位、报关企业），均可以向对方发起委托申请，也可以确认对方发来的委托申请。

该系统进行委托协议的发起、确认、账户查询等均可以使用报关企业报关员卡、普通操作员卡、企业普通操作员卡进行操作。

权威发布 代理报关委托子系统利用电子口岸身份识别设备，实现代理报关委托业务的信息化管理和电子签名认证。生成的电子格式代理报关委托书、委托协议数据，是作为报关单随附单据中唯一的格式化电子数据。该数据随附每份报关单，向海关内部使用的H2010通关管理系统提供格式化电子数据。

该系统与通关无纸化网上签约系统，并没有直接关系。两个系统各自的数据，也不产生直接关联的效果和作用。但是，无论是经营单位还是报关企业如果需要通过无纸化方式向海关申报报关单，首先都需要在无纸化通关网上签约系统中向申报地海关进行备案申报，经过海关审批通过后，才可以进行无纸化报关单的申报，否则海关将会给予电子审退。

第八节　企业理单子系统

一、功能简介

该子系统一期主要实现企业理单、导出理单数据、删除理单数据、查询未理单和已理单数据、主管海关维护、理单类型维护功能。

系统功能主界面，如图 4－32 所示。

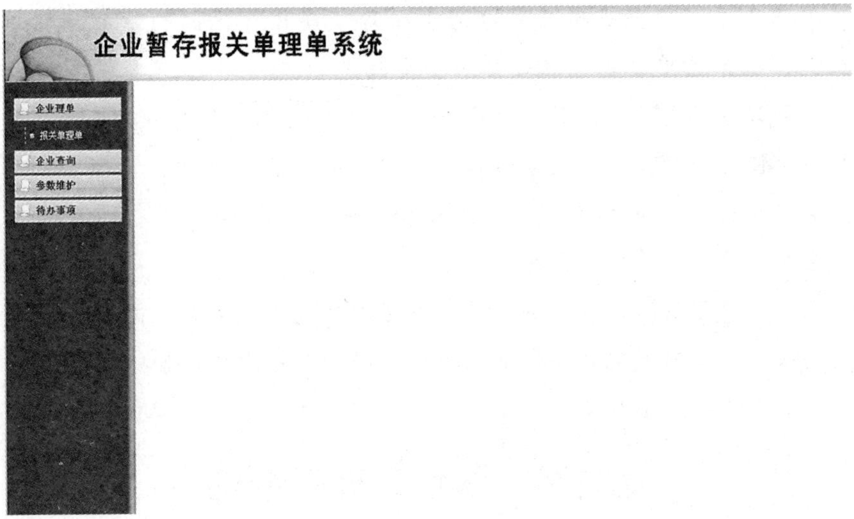

图 4－32

二、业务流程

理单业务流程如下。

（1）企业在该系统对主管海关、理单类型进行参数维护。

（2）该系统接收海关 H2010 系统发送的待理单报关单结关信息，接收海关 H2010 系统同步的经营单位与代存报关行之间的委托关系信息。

（3）企业在该系统进行理单操作。

（4）该系统向海关 H2010 系统发送理单信息。

（5）企业可在该系统对理单信息进行删除、导出、查询等后续操作。

权威发布 目前尚未有统一的暂存理单系统对企业暂存的进出口报关单证进行有效管理。缺乏统一的企业暂存报关单理单系统，给海关和企业带来诸多不便。第一，造成各关试点企业理单工作做法不统一，不利于海关和企业加强对企业暂存单证工作的管理；第二，暂存报关单企业必须自行开发类似功能的系统，不同企业参差不齐的科技和管理水平，容易导致管理无序混乱，也不利于海关对企业报关单证暂存管理情况的监督检查；第三，缺少能与海关信息系统进行一定数据交换的企业暂存报关单理单系统，企业和海关均无法及时掌握暂存单证的结关和理单归档状况，给报关单证档案管理带来安全隐患。

为配合分类通关—报关单证企业暂存改革试点在全国海关的推广，促进暂存单证管理的高效、规范运作，根据海关总署《深化分类通关改革工作方案（试行）》，由总署综合统计司牵头会同数据中心、信息中心开发统一的企业暂存报关单理单系统。

企业理单子系统，是依据报关单数据提取的统一标准，实现企业对已结关的报关单及随附单证的理单、归档、保管、查询统计等功能。

第九节　快件管理子系统

一、功能简介

为严密快件监管作业，提高快件通关效率，进一步实现快件监管工作的信息化，切实提高应对和防范监管工作中存在的两大风险的能力，实现效能监管，快件系统将全国海关快件通关相关数据及时、准确地汇总到H2010系统平台上，对各项监管工作进行信息化、流程化、规范化管理。系统操作界面简单明了、通俗易用，通过简单的设定，即可实现快件企业备案管理、进口舱单、进出口报关单的录入申报、查询统计、快件监管、系统参数调整等系统功能。

系统提供舱单、报关单和转关单详细信息与回执的查询功能。用户设定查询条件后，系统执行查询，在结果列表显示栏内显示符合条件的舱单、报关单记录，并给出单据的当前状态和回执状态，用户选中某条记录后，双击可以查看该记录的回执信息，点击“查看明细”按钮可以查看该单证的详细信息。

二、业务流程

系统数据流，如图4－33所示。

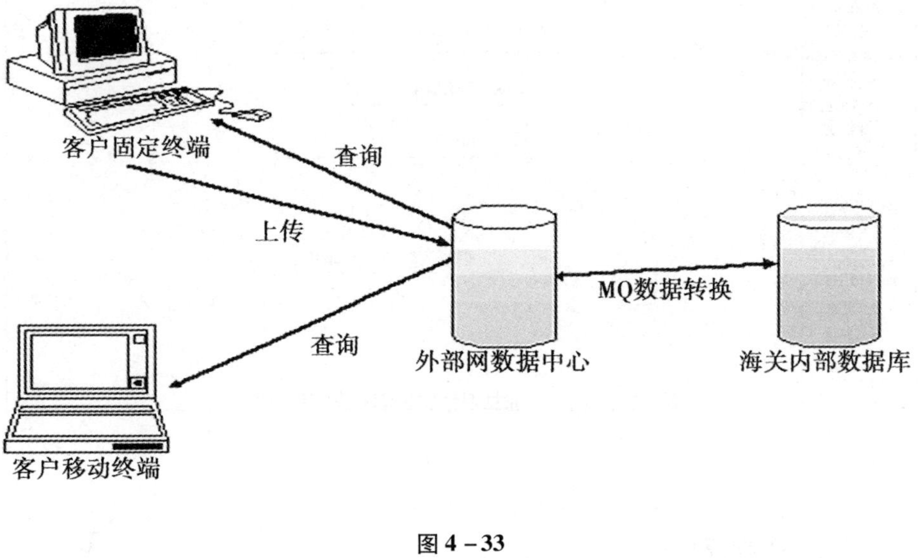

图4－33

第十节 小型船舶子系统

一、功能简介

小型船舶子系统针对往来中国香港、中国澳门的小型船舶的运输特点，由小型船舶承运人通过该项目向海关申报舱单、船员名单等信息，同时利用GPS卫星定位项目采集小型船舶航行路线数据，进行风险分析，防止走私犯罪行为的发生。其主要功能是将小型船舶的现场录入数据通过南方通信公司统一发往海关，该系统于2004年2月正式运行。

系统功能主界面，如图4－34所示。

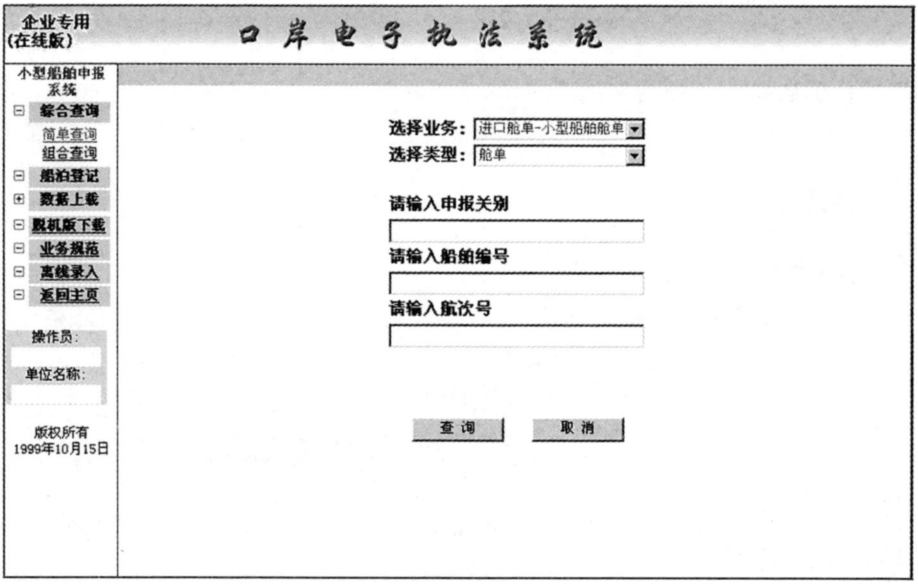

图4－34

二、业务流程

系统数据流转，如图4－35所示。

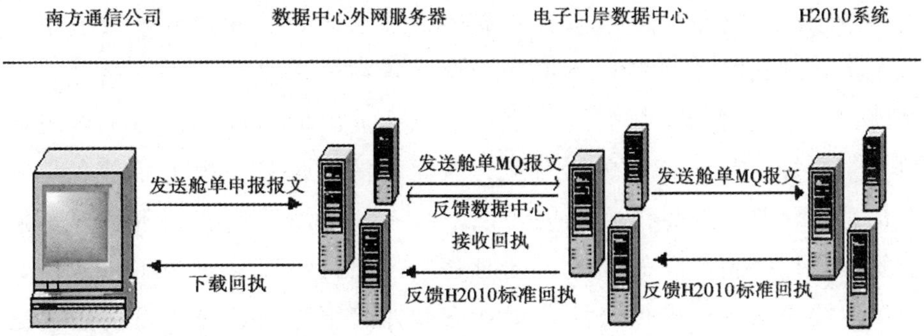

图 4－35

系统操作流程如下。

（1）南方通信公司将舱单电子数据放到数据中心外网服务器（是指数据中心在广州海关局域网内建立的服务器，用于将南方通信公司放入服务器的舱单平数据通过公网，以 MQ 方式上传到数据中心服务器）。

（2）数据在外网服务器内转换成 H2010 标准报文格式，放在数据中心指定的文件夹下，并通过服务器内部的 MQ 程序点对点传送到数据中心。

（3）如果在数据中心数据入库成功/失败，则反馈给外网服务器一个发送成功/失败的回执。

（4）数据中心成功接收到报文数据，在本地入库后，转发给 H2010 系统。

（5）H2010 系统接收到数据中心传送的报文后，反馈 H2010 标准回执。

（6）数据中心接收到 H2010 标准回执，转发给外网服务器。

（7）南方通信公司的用户可以下载、接收 H2010 标准回执。

第十一节　公路口岸子系统

一、功能简介

公路口岸通道电子自动核放系统为加工贸易企业提供清单申报、

报关单承运、空车过境承运、转关车过境承运等业务的电子数据申报及承运管理功能，并将相关单证与承运货物的运输工具进行捆绑后发送海关。海关对相关数据进行审核，保证进出境运输车辆与承运报关单、集中报关单或转关单相对应，从而使清单信息、报关单信息、空车信息、转关车信息清晰明朗。该系统有利于海关快速完备掌握车辆监管信息，控制和化解风险，同时解决公路口岸监管资源不足，企业通关迟缓等问题，确保公路口岸在有效监管下高效运作。目前主要是深圳海关在使用该系统。

系统功能主界面，如图 4－36 所示。

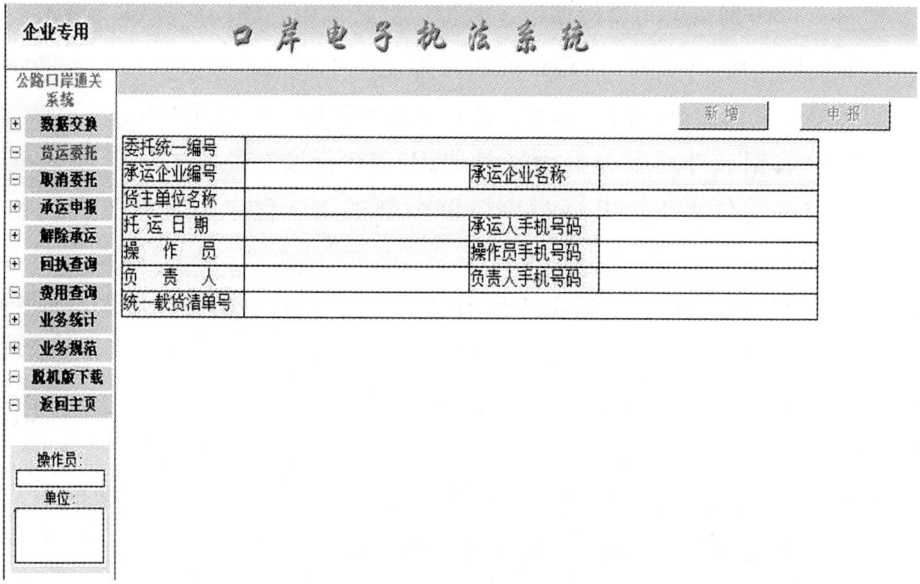

图 4－36

二、业务流程

系统操作流程，如图 4－37 所示。

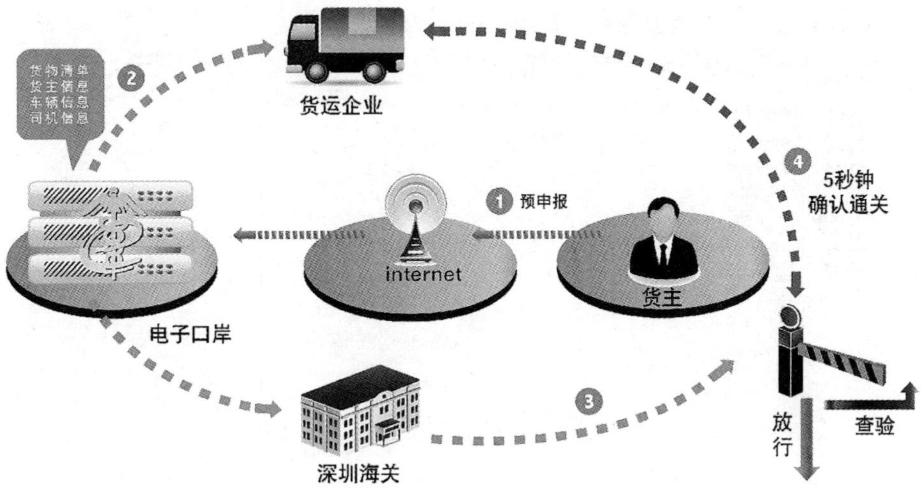

图 4－37

第十二节　身份认证子系统

功能简介

身份认证子系统提供企业备案信息、企业权限、企业 IC 及 IC 权限查询和变更功能。

系统功能主界面，如图 4－38 所示。

权威发布　身份认证管理系统是 12 个部委共同搭建的电子口岸平台各项业务开展的根本基础。身份认证管理系统通过 12 个部委对企业信息的多方、共同认证，保障企业信息的合法有效，使企业的在线数据处理、交易处理有了根本的依据。通过身份认证管理系统使企业的网上虚拟交易有源可溯。身份认证管理系统的直接体现是各执法部门、企业网上操作时所持的 IC 卡。该卡采用总参三部开发的已通过军方认证的数字加密技术，对其申报的数据、审批的数据严格加密，保证最终生成的数据防伪造、

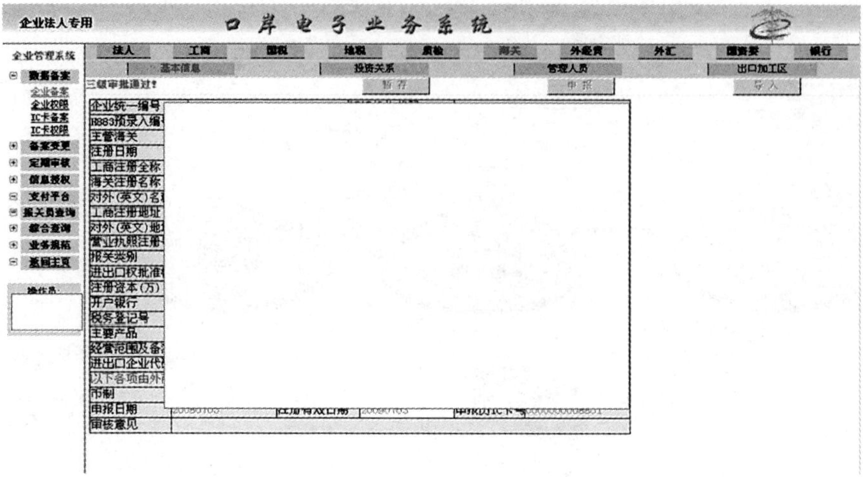

图 4－38

防篡改。身份认证管理系统是中国电子口岸执法系统的一个子系统。企业在中国电子口岸进行各种业务之前，须通过“身份认证管理系统”向各执法部门注册登记，只有在各执法部门审批通过，并由制卡部门制卡完成后，企业才能凭操作员卡在网上进行各项口岸业务。

第十三节　ATA 单证册子系统

我国于 1998 年 1 月 1 日实施 ATA 单证册制度。ATA 单证册制度旨在通过采用国际统一海关单证——ATA 单证册，取代各国海关对暂时进出口货物要求的报关单，同时作为一份免税进口的担保文件，从而简化和统一各国海关手续，减少货物到港后的滞留时间，加快通关速度，降低通关费用，减少贸易成本。

ATA 单证册适用的货品主要有：在各类国际博览会、会议中陈列或使用的货品；以寻求境外供货订单为目的，向客户演示的商业样品；各类专业人员使用的专业设备，如赴境外安装、调试机器所需的各种测量仪器；医务人员所需的医疗器械；出版、音像广播、摄影设备、演出道具等多种用途货品。

使用 ATA 单证册可以免纳进口各税，不需要向进口地海关提交任何形式的担保，不需要填写进出口报关单。

第十四节　环保许可证联网子系统

环保许可证联网子系统主要功能是为环保部门向海关提供固体废物和有毒化学品审批件信息，系统于 2005 年 10 月 13 日正式上线运行。

通过该项目实现环保和海关部门固体废物和有毒化学品相关信息的共享，使海关在接受企业申报时能够实时与纸质批件对比，防止不法分子伪造废物进口和有毒化学品批准证件逃避监管。

系统功能主界面如图 4 – 39 所示。

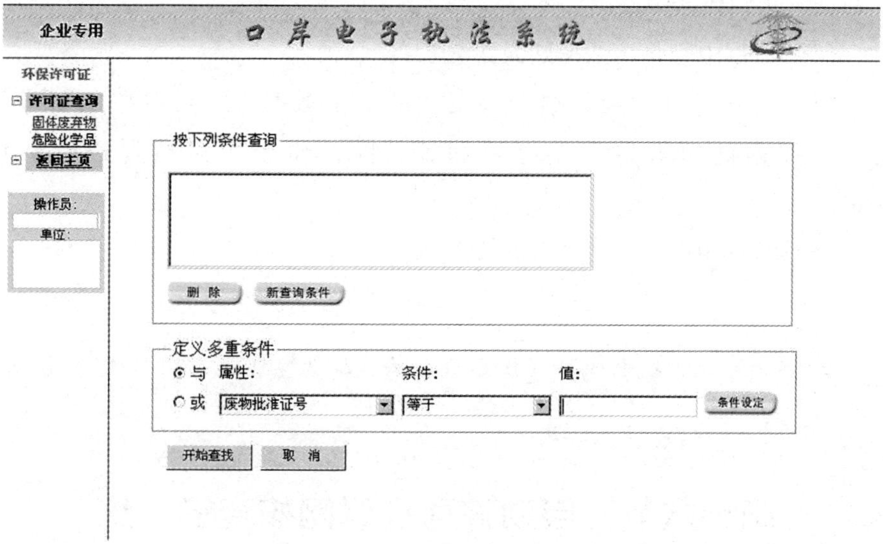

图 4 – 39

第十五节　汽车进口证明书管理子系统

为加强对进口机动车的管理，适应中国加入 WTO 的需要，更好地利用我国政府机关的现代化科技平台提高政府机关的工作效率，进一步完善海关“汽车进口证明书管理子系统”的功能，经海关总署政法司与公安部交管局共同协商，通过中国电子口岸数据中心在两部门间实现限定口岸签发的进口汽车“货物进口证明书”的数据交换，并在实现外部联网的同时，进一步优化海关汽车进口证明书管理子系统的功能。

系统实现了进口汽车证明书数据在海关和公安部系统之间安全、稳定的传输，不仅大大缩短了两部门间的数据通报周期，提高了数据质量，而且堵住了利用假手续、假证明办理进口车牌证的漏洞，社会反响巨大，极大地遏止了进口汽车的走私势头。

业务流程如下：

（1）海关总署将国家限定口岸进口整车签发的“货物进口证明书”电子数据发送到数据中心。

（2）数据中心将该数据转发给公安部。

（3）公安部接收到数据中心发送的电子数据后，对数据进行审核处理，并据此为进口汽车办理牌证，同时将处理回执发送给数据中心。

（4）数据中心向海关总署转发处理回执。

小贴士 此系统电子口岸以后台数据传输为主，无须用户进行操作。

第十六节　自动许可证联网核查子系统

该系统为企业提供其自动进口许可证电子数据、核销情况、回执内容等查询功能。

自动进口许可证查询界面，如图 4－40 所示。

核销数据查询界面，如图 4－41 所示。

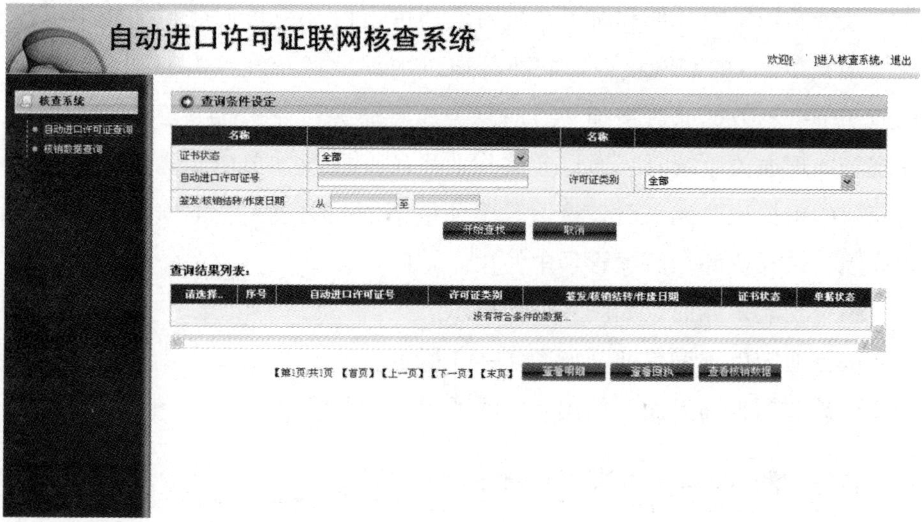

图 4 – 40

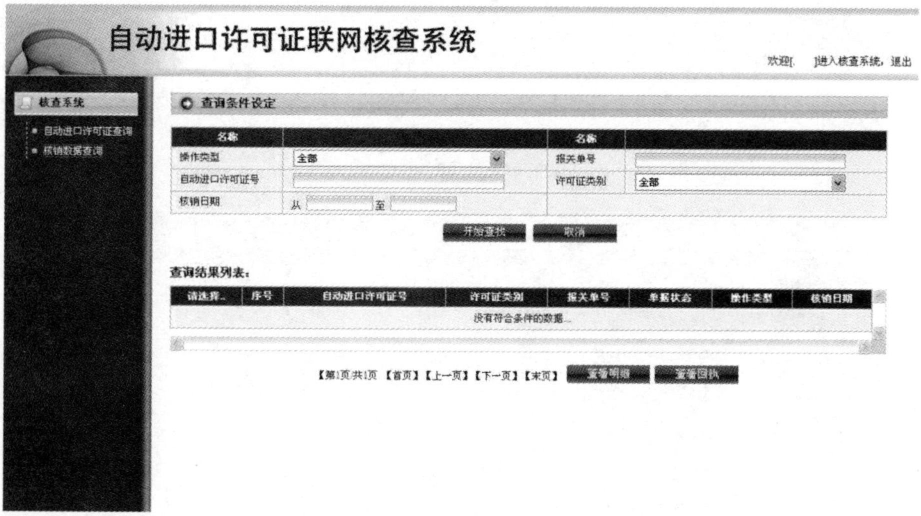

图 4 – 41

第十七节　农药进出口联网查询子系统

该系统为企业提供指定时间内农药进出口放行通知单和核销数据综合查询的功能。

系统实现了农业部和海关总署对农药进出口登记管理放行通知单（简称“通知单”）的联网核查。农业部通过内部信息系统签发通知单后，将该通知单电子数据通过系统实时向海关总署通关作业系统共享。海关总署在现场办理通关手续时，通过通关作业系统读取通知单电子数据，并与现场获取的单据比对无误后，将该笔单证核销情况通过系统向农业部进行自动反馈，供农业部在后续管理中使用。

系统功能主界面，如图 4－42 所示。

放行通知单查询界面，如图 4－43 所示。

核销数据查询界面，如图 4－44 所示。

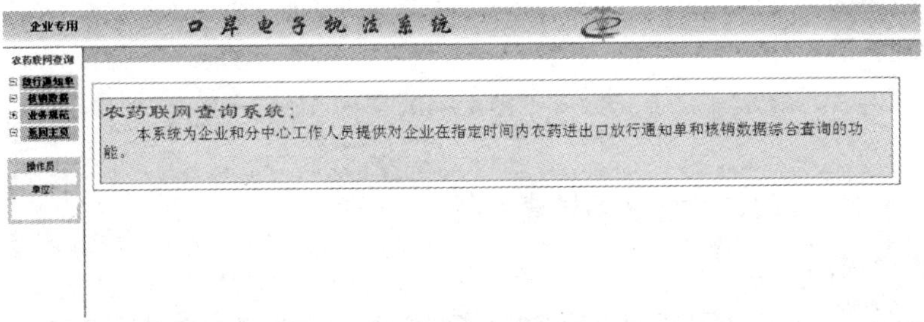

图 4－42

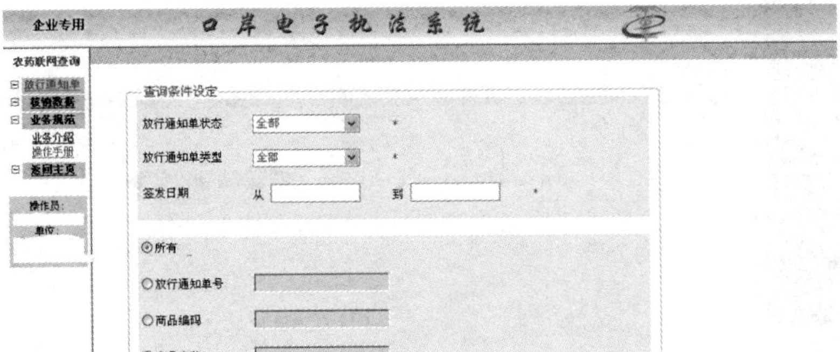

图 4－43

权威发布 农药进出口联网查询子系统建设的经济社会效益体现在以

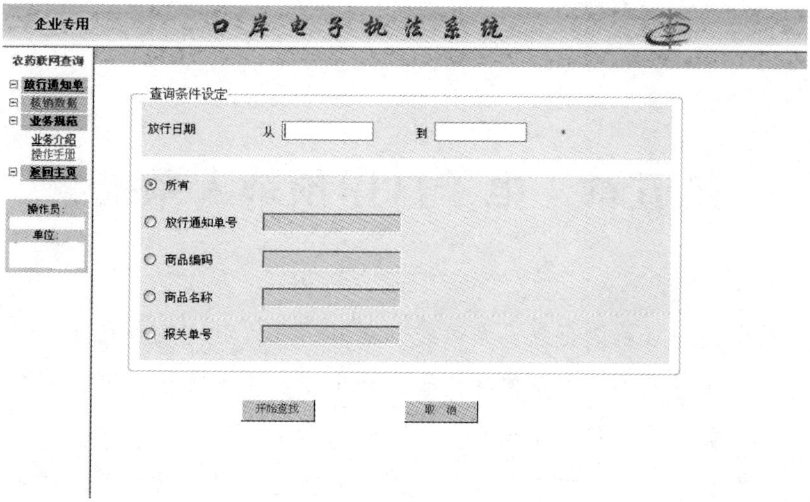

图 4－44

下四个方面：一是极大方便了农药企业的申办和报关。系统运行后，企业在世界任何地方、任何时间都能通过互联网申办农药进出口登记管理放行通知单、查询农业部审批进展、办理报关手续等与农药进出口有关的手续，帮助企业克服了在国外开拓市场时经常遇到的时差、地域等困难。二是显著提升了农药产品的通关效率，降低了通关成本。系统运行以来，通知单办理实现当天办或次日办，为企业节省通关单办理时间至少 5 天，节省海关通关时间至少 5 天。年均为企业节省办理和通关等各种有关费用 15 亿元。三是改善了农药产品的出口环境。该系统从源头上避免了私刻公章或伪造通关单等骗取海关放行现象，有力打击了农药进出口贸易的违法行为，消除了贸易过程中形成的不平等竞争现象，规范了我国农药进出口贸易秩序，得到了国家电子口岸委员会的高度肯定。四是为我国履行《在国际贸易中采取预先知情同意程序的鹿特丹公约》（简称《公约》）等国际公约规定的国际义务提供更有效手段，提升了我国农药的国际形象。系统保障了我国进出口农药质量和合法性，有效制止了违反《公约》的进出口贸易行为，保护了合法农药产品的国际市场，得到美国、德国、泰国等国以及《公约》秘书处、联合国粮农组织、经济与合作组织等国际组织的高度评价。

第五章　电子口岸预录入系统

如果您是一家新的企业，到海关办理注册登记时，业务现场要求必须通过电子口岸系统进行企业信息的录入和申报，业务现场收到数据后才能审批，那么具体该如何操作呢？

您不要担心，电子口岸预录入系统中的企业管理（新）子系统可以提供企业信息录入、申报功能。

下面就为您详细介绍一下电子口岸预录入系统及其子系统的功能和流程。

第一节　电子口岸预录入系统总体介绍

一、系统简介

电子口岸预录入系统基本覆盖了全国各关区的预录入场所，是目前功能最为全面、网络覆盖最广、用户接入门槛最低，并且能满足安全要求的预录入系统，它已成为海关监管进出口贸易相关数据的安全可信录入渠道，保证了预录入数据的标准统一和一点接入。目前，在使用的电子口岸预录入系统主要为电子口岸预录入 4.0 改进版，本节讲解均以改进版为主。

电子口岸预录入系统改进版包含了所有的预录入子系统，并且集成到统一的客户端版本包中。用户安装一个客户端版本，即可访问到多个不同业务子系统。电子口岸预录入系统改进版使用 CAS 统一认证、单点登录，只需读卡加签认证一次，由单点登录服务器统一控制客户端和多服务器间的认证，减少认证时间、提高调用效率，在保障安全的前提下保证了效率。

电子口岸预录入系统改进版总体数据流程图，如图 5－1 所示。

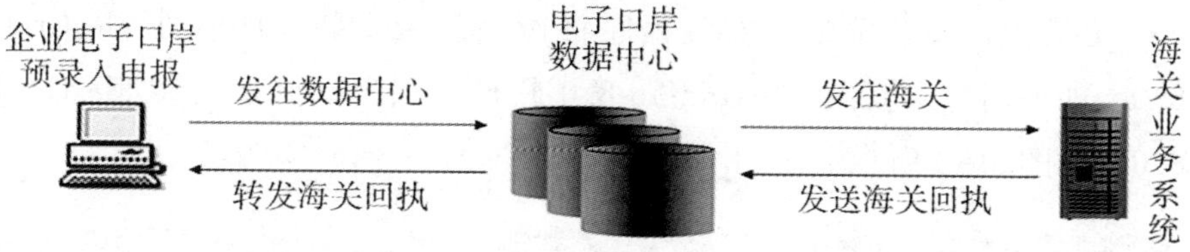

图 5－1

二、系统安装与卸载

电子口岸预录入系统改进版需要安装客户端才能正常使用。主要包括必要组件、打印软件、电子口岸预录入客户端系统的安装和系统激活。安装过程十分简单，运行安装文件中的 Setup. exe，安装程序开始运行，开始必要组件安装，如图 5－2 所示。

图 5－2

小贴士 由于各关区使用的电子口岸预录入系统版本各异，安装文件也有所不同，详细情况需咨询当地数据分中心。安装用户为 Administrator 组成员，即管理员用户，推荐使用 Windows XP 系统。

必要组件安装完后，安装程序将检测是否安装打印软件 FlexGridPro 8.0。如果用户未安装 FlexGridPro 8.0 软件，则自动开始安装 FlexGridPro 8.0，如图 5－3 所示。

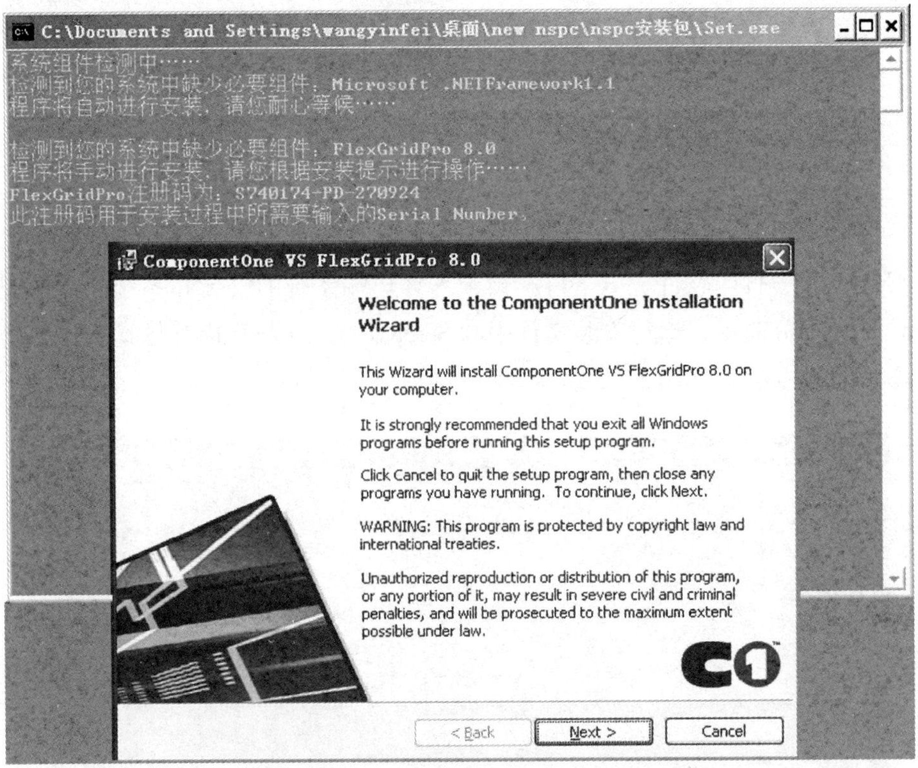

图 5－3

点击“下一步”即可完成此软件的安装，程序自动进行电子口岸预录入客户端系统安装，如图 5－4 所示。

安装完毕后，系统进入搜集用户基础信息和系统激活环节。在此环节用户需对所属的关区和客户端类型进行选择并使用激活码进行系统激活，如图 5－5、图 5－6 所示。

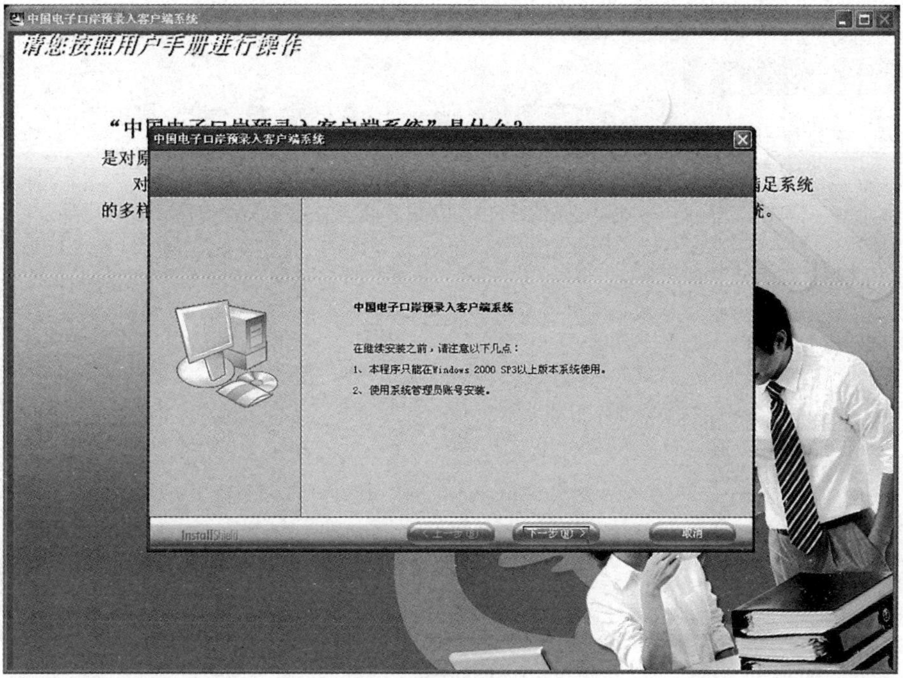
中国电子口岸预录入客户端系统
请您按照用户手册进行操作
中国电子口岸预录入客户端系统
中国电子口岸预录入客户端系统
在继续安装之前，请注意以下几点：
1、本程序只能在Windows 2000 SP3以上版本系统使用。
2、使用系统管理员账号安装。
InstallShield
下一步(N) >
取消

图 5－4

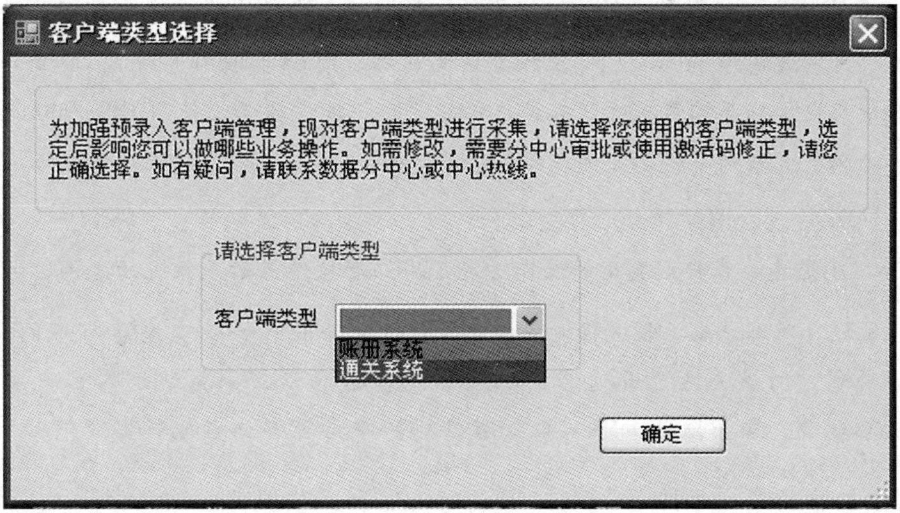
客户端类型选择
为加强预录入客户端管理，现对客户端类型进行采集，请选择您使用的客户端类型，选定后影响您可以做哪些业务操作。如需修改，需要分中心审批或使用激活码修正，请您正确选择。如有疑问，请联系数据分中心或中心热线。
请选择客户端类型
客户端类型
账册系统
通关系统
确定

图 5－5

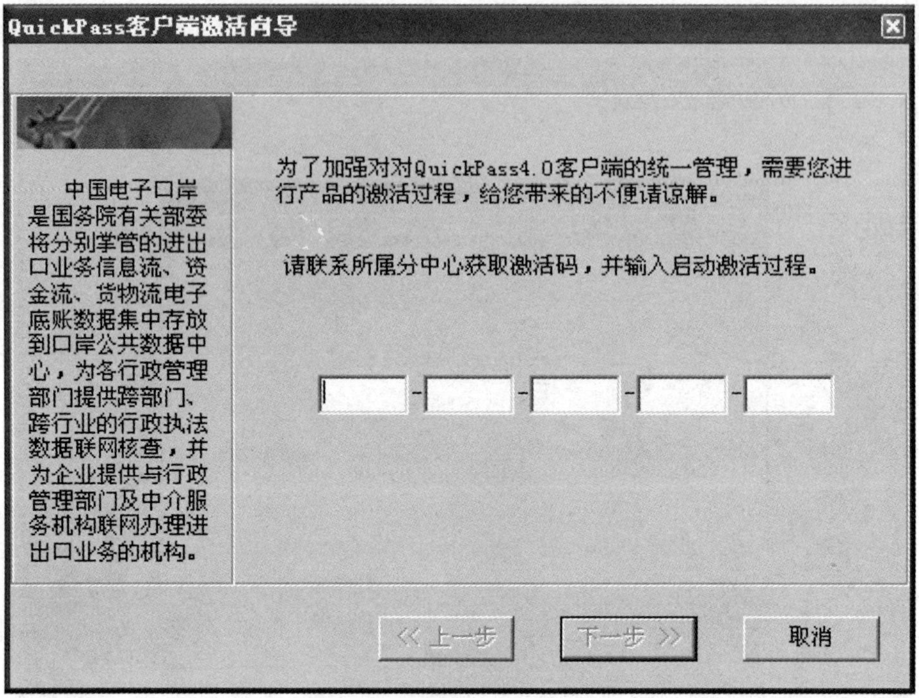

图5－6

小贴士 目前电子口岸已推出电子口岸预录入改进版系统客户端升级版，可以适用 Windows 7 32 位操作系统（不适用 64 位操作系统），安装和操作与电子口岸预录入改进版客户端相同，但读卡器必须使用 EP－900 及以上版本。详细情况需咨询当地数据分中心。

小贴士 客户端类型的选择决定了用户有权进入的子系统的范围，各关区还可对客户端类型进行地方化定制，供选择的客户端类型各有不同。如果用户所属关区已开通客户端激活码注册功能，则系统进入客户端激活环节，弹出激活向导窗口，激活码的申请可咨询当地数据分中心。

如用户不想使用电子口岸预录入系统改进版客户端，可以进行卸载操作。点击“开始”—“控制面板”—“添加或删除程序”，如图 5－7 所示。

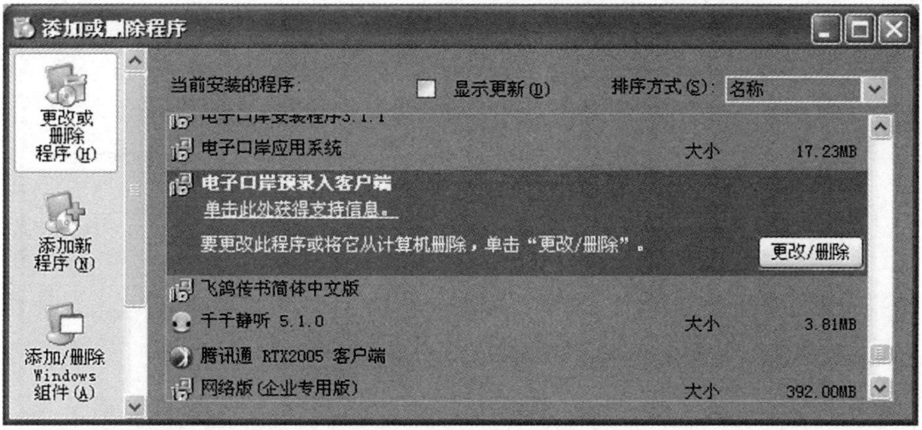

图 5－7

小贴士　卸载用户为 Administrator 组成员即管理员用户，卸载程序并不卸载 NET Framework 1.1、Microsoft. NET Framework 2.0 KB925488、NET Framework 2.0、FlexGridPro 8.0，如需卸载，请用手工方式从"开始"—"控制面板"—"添加或删除程序"卸载。

三、系统登录

成功完成安装后，用户可以从"开始"—"所有程序"—"中国电子口岸数据中心"—"电子口岸预录入客户端"的路径启动电子口岸预录入客户端程序。用户每次启动客户端升级版程序，系统即自动对当前程序版本进行检查和更新操作，如图 5－8 和图 5－9 所示。

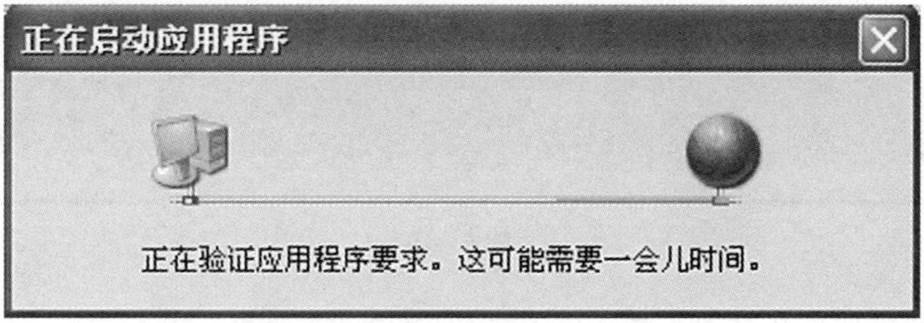

图 5－8

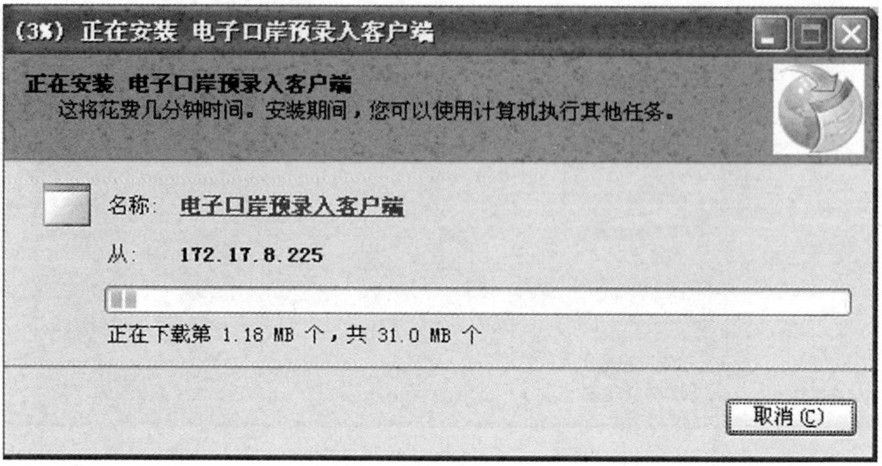

图5－9

系统版本自动检查更新完毕后，弹出登录界面，如图5－10所示。

图5－10

将操作员IC卡插入读卡器中或IKEY插入计算机USB接口中，输入用户口令，点击确认，进入系统主选单界面，如图5－11所示，各子系统将

图 5 - 11

在第二至七节中详细为您介绍。

点击某一子系统，出现组件下载界面，如图 5 - 12 所示。

图 5 - 12

小贴士 由于各关区对客户端类型进行地方化定制，用户类型存在差异，能显示的子系统不同，详细情况请咨询当地数据分中心。

第二节 通关管理类系统

一、报关申报子系统

（一）功能简介

报关申报子系统是连接企业与海关的桥梁，它可以提供报关单电子数据的录入、暂存、申报，电子申报单证状态的查询，报关单、报关单核对单、报关单（验放单单证）的打印等功能。

为完善海关通关作业无纸化模式与通关流程，报关申报子系统实现了企业提交报关单随附单据的电子化和报关单修撤单申请的电子化功能。

报关申报子系统主界面，如图 5－13 所示。

报关单模块主要提供一般货物进出口报关单、进出境备案清单、进出口属地报关单的录入、暂存、修改、复制、申报、查询、打印功能。

转关提前报关模块主要提供进出口转关提前报关单、进出境转关提前备案清单的录入、暂存、修改、复制、申报、查询、打印，转关运输申报单的录入、打印功能，其中转关提前报关中的报关业务完全同一般报关。

出口二次转关模块主要提供出口二次转关报关单的录入、暂存、修改、复制、申报、查询、打印，转关运输申报单的录入、打印功能，其中出口二次转关中的出口报关业务完全同一般出口报关。

修撤单申请/确认模块主要提供报关单修改申请、报关单撤销申请的录入、修改和查询等功能。

电子随附单据模块主要提供报关单电子随附单据重新上传功能。

查询/打印模块主要提供电子申报单证状态的查询和单证的打印功能。

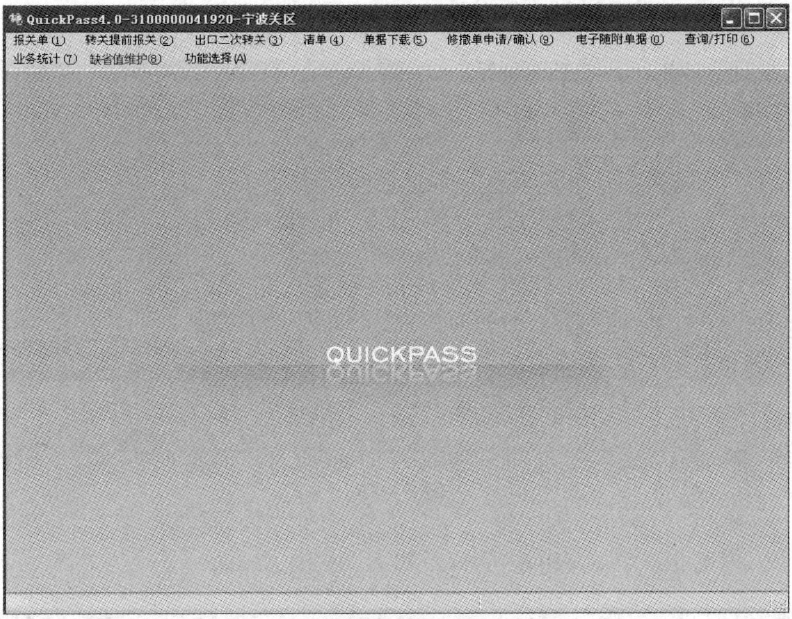

图 5－13

报关单录入界面，如图 5－14 所示。

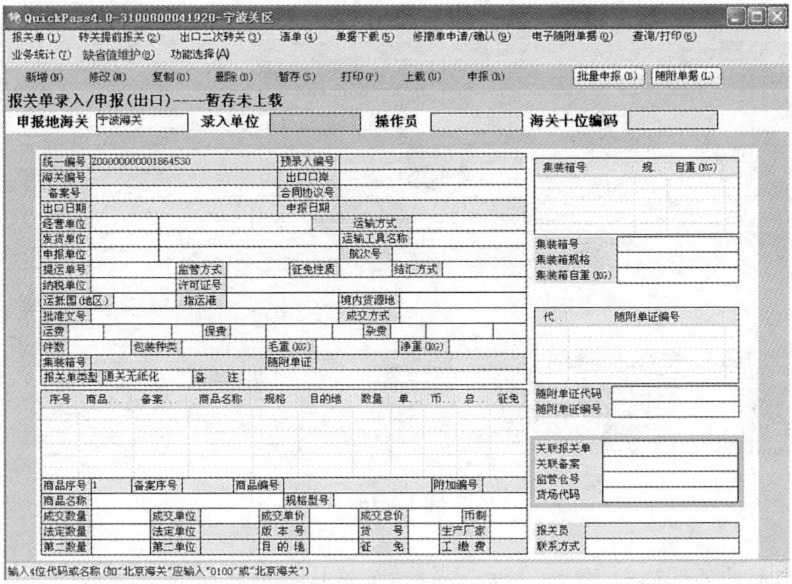

图 5－14

报关单电子随附单据上传/查看界面，如图 5 – 15 所示。

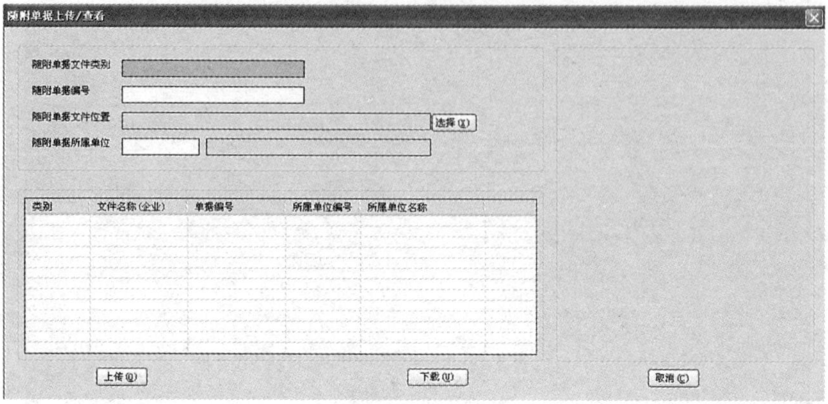

图 5 – 15

转关提前报关录入/申报界面，如图 5 – 16 所示。

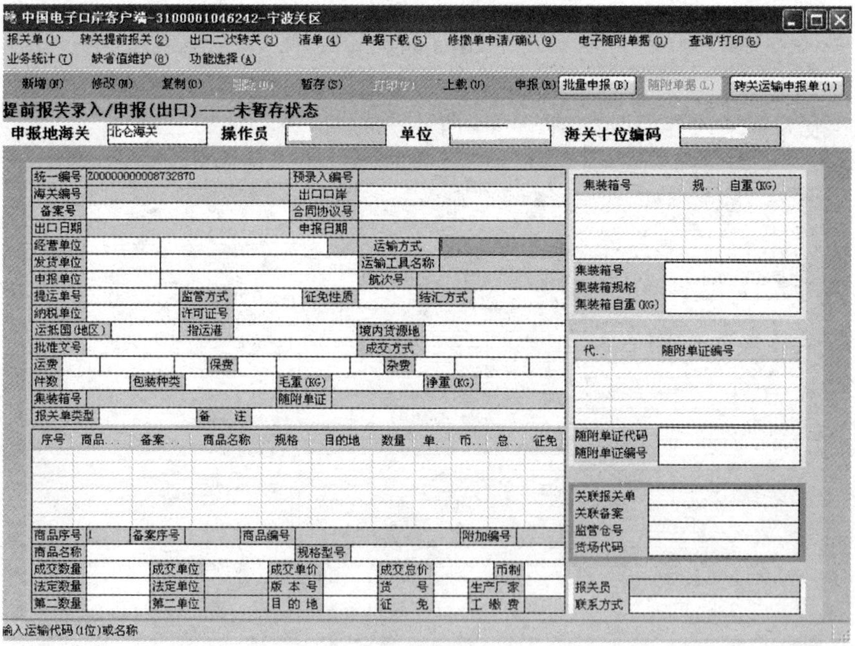

图 5 – 16

点击转关运输申报后，可以查看转关运输提前报关录入界面，如图 5 – 17 所示。

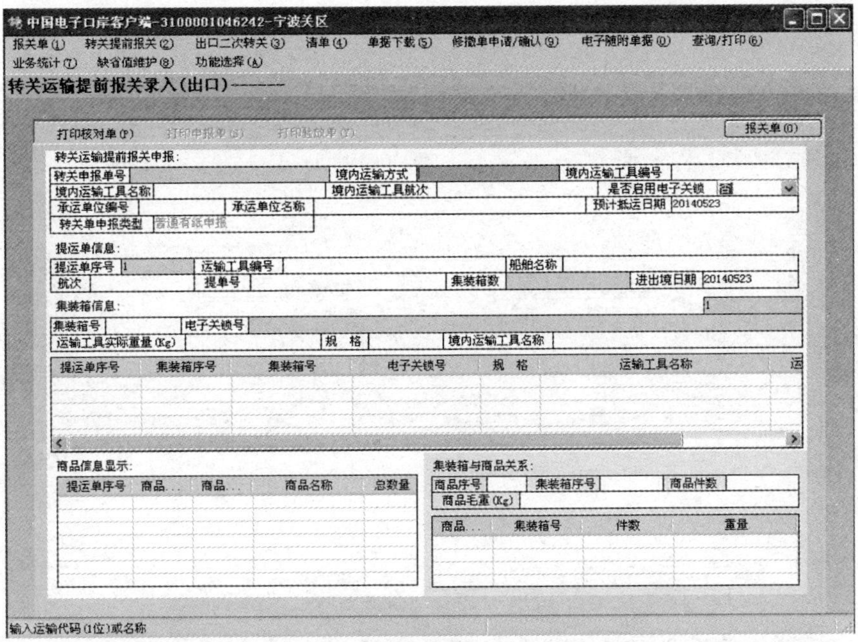

图 5-17

报关单下载界面，如图 5-18 所示。

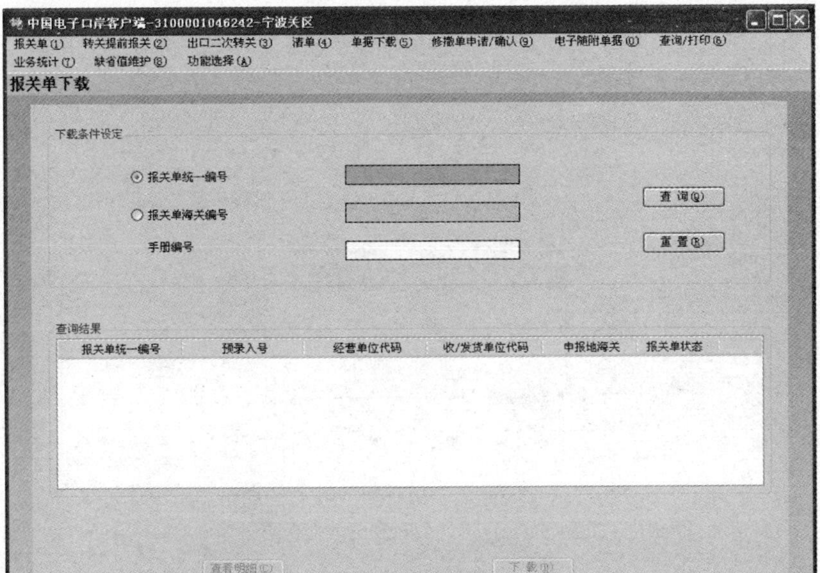

图 5-18

报关单/转关运输提前报关单查询界面，如图 5－19 所示。

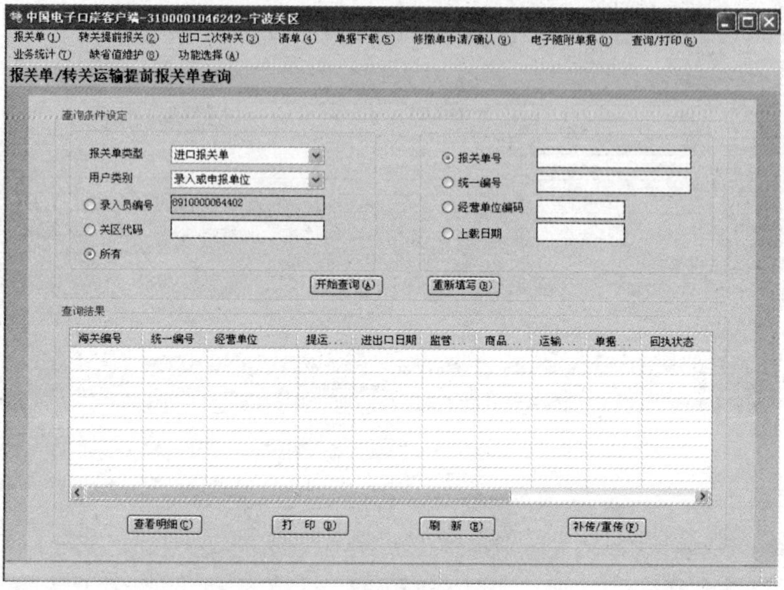

图 5－19

报关单修改申请界面，如图 5－20 所示。

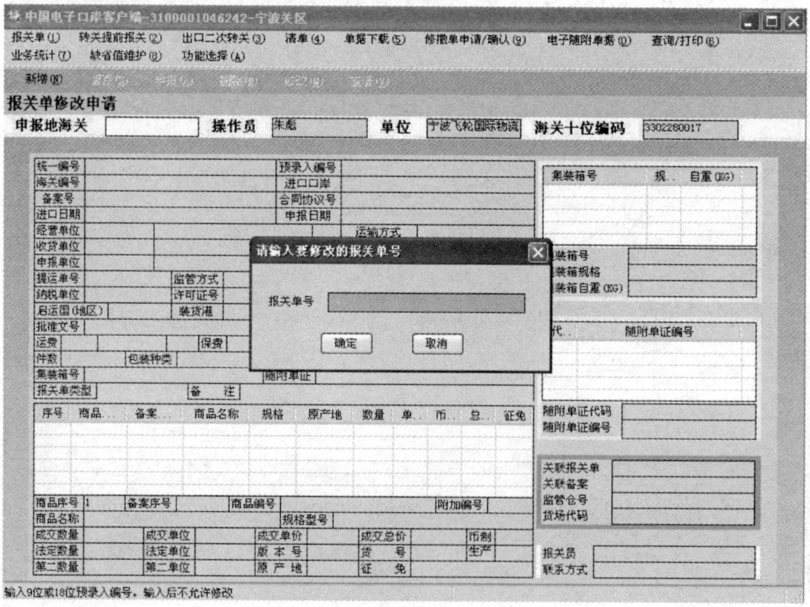

图 5－20

（二）业务流程

报关申报子系统操作流程，如图 5－21 所示。

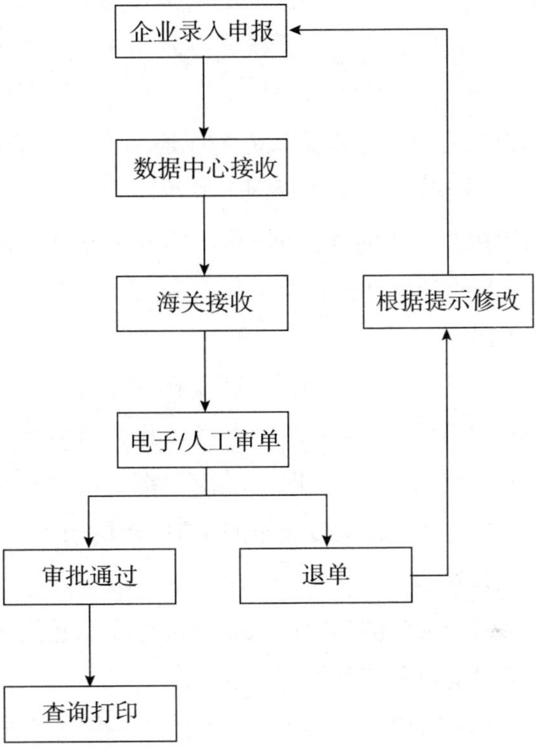

图 5－21

通关无纸化业务流程如图 5－22 所示。

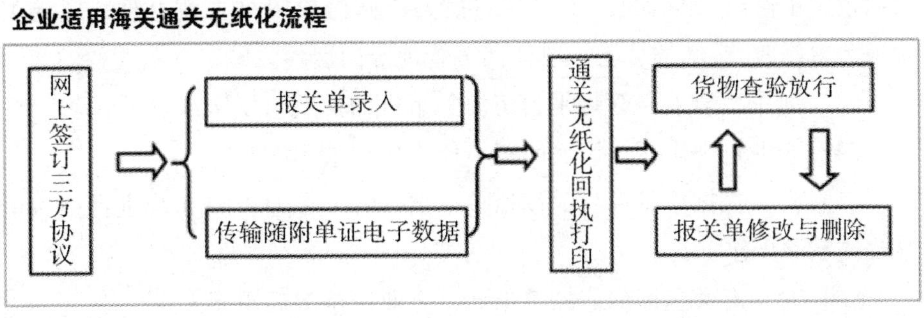

图 5－22

（1）通关无纸化企业进行网上签约。

自理报关时，自理报关企业持法人卡登录电子口岸执法系统通关无纸化网上签约子系统，与电子口岸和海关进行三方电子签约。

代理报关时，经营单位、代理报关申报单位分别持法人卡登录电子口岸执法系统通关无纸化网上签约子系统，分别与电子口岸和海关进行三方电子签约。

（2）分代理报关时，代理报关双方企业还需通过电子口岸执法系统代理报关委托子系统进行代理报关委托网上签约。

（3）企业在申报报关单时提交电子化的报关单随附单据。

经营单位为 AA 类企业且符合单证暂存条件的，报关单申报时无须发送随附单证电子数据。

其他企业在报关单申报时，均需发送随附单证电子数据。企业在报关申报系统中进行电子随附单据上传、申报操作，将发票、装箱清单、提（运）单、代理报关委托协议、合同等随附单据，按照海关要求（格式化数据或 pdf 文件）生成电子数据传输至海关 H2010 系统。

（4）企业通关操作。

企业后续可根据报关单的相应回执提示进行线下通关操作。

报关单修撤单申请业务流程如下。

（1）对于海关已审结的报关单，企业如需对报关单进行修改或删除，可在电子口岸录入和申报报关单修改/撤销申报表，电子口岸将报关单修撤单申请发送到海关综合业务管理平台。

（2）海关在综合业务管理平台上审批报关单修改/撤销申报表，属结关前报关单修改/撤销的，按现有的报关单修撤单审批规范办理；属结关后报关单修改/撤销的，增加单证档案管理部门会签。

（3）海关综合业务管理平台将海关审批回执实时发送给电子口岸。

（4）企业可在电子口岸实时查询修撤单申请单据状态。

（5）海关根据审批通过的修撤单申请内容，在 H2010 系统进行报关单修改或删除操作。

（6）对于海关退回的修撤单申请，企业可修改后重新发送。

小贴士 通关无纸化网上签约子系统和代理报关委托子系统在第四章有介绍。

小贴士 报关集成通（见图5－23）简介：目前，报关集成通也可进行报关单的录入和申报。报关集成通就是电子口岸针对报关企业所面临的业务管理困难和信息化困境，在充分理解报关企业关务管理特点的基础上，基于电子口岸多年来为报关企业服务的丰富经验，根据集成通专业标准打造的集报关数据录入、报关数据导入、报关状态查看、通关参数共享、规范检查为主要功能的可进行扩展开发的前端应用套件。同时，电子口岸在此基础上利用集成通平台实现了与海关系统的无缝对接，从而帮助报关企业快速提高自身的信息化和自动化水平，彻底解决企业面临的数据鸿沟困境，显著降低运作成本，全面提升在报关行业的竞争力。

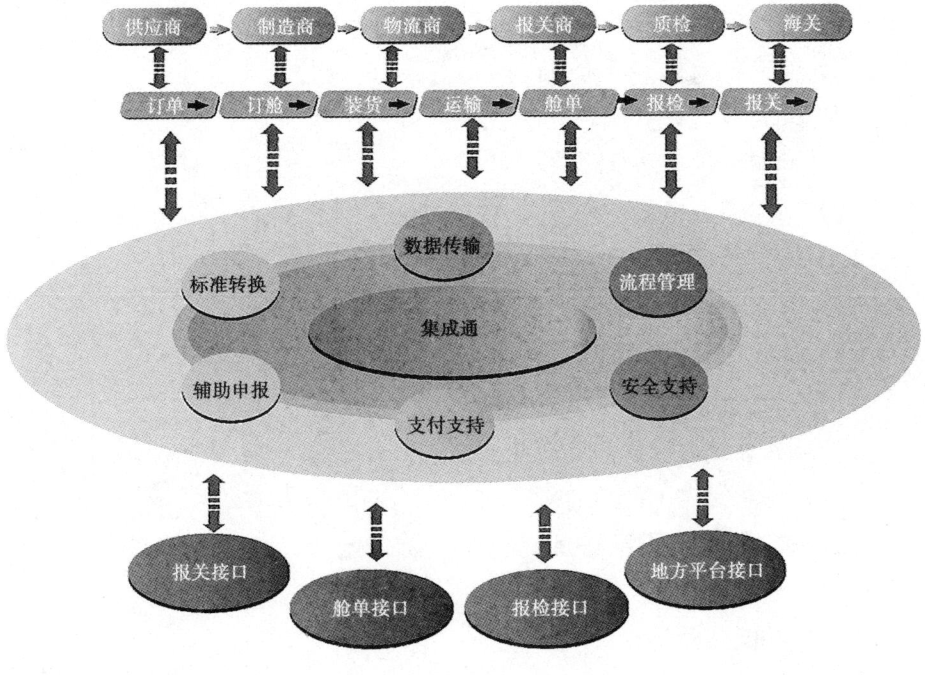

图5－23

权威发布 报关申报业务是整个海关进出口业务的中心环节，针对专业报关行、预录入公司报关业务量大、报关集中的特点，中国电子口岸数据中心开发了报关申报系统，以期能更好地满足专业报关行、预录入公司报关单申报的需要。

为进一步强化企业守法管理和完善风险管理运行机制，加快推进随附单证电子化，完善海关作业无纸化模式与通关流程，逐步推进单证审核依据由纸质单证为主向电子数据为主的转变，有效化解执法、廉政、管理风险，需电子化的随附单证主要包括三大类：企业提交的随附单证、海关内部流转单证、联审部委审批的单证。目前，在报关单申报子系统中仅增加了企业提交报关单随附单据电子化和报关单修撤单申请的电子化功能，后续会逐步完善。

权威解读 根据货物通关方式的不同，可将报关单分成11种类型。

（1）一般货物进口报关单（简称进口报关单）；
（2）一般货物出口报关单（简称出口报关单）；
（3）进口转关提前报关单；
（4）出口转关提前报关单；
（5）出口二次转关报关单；
（6）进口属地报关单；
（7）出口属地报关单；
（8）保税区进境备案清单；
（9）保税区出境备案清单；
（10）转关提前出境备案清单；
（11）转关提前进境备案清单。

二、转关申报子系统

（一）功能简介

转关申报子系统主要适用于进出口货物的转关运输申报，包括直转、免税转展品、退运、过境等不同转关业务预录入的需要，适用广东、非广东两种不同的转关模式。

主要功能包括：各类进出口转关单的录入、上传、申报、查询、打印，出口转关修改提单，转关单查询、打印，海关回执的查询、打印，业务统计等。

转关申报子系统主界面如图 5－24 所示。

图 5－24

转关单申报子系统包括以下几个功能。

（1）转关单模块包含进口业务和出口业务。可实现需要进行转关操作的进、出口业务中数据的录入和申报，供海关审核。

（2）出口转关修改提单是预留菜单项，无实际操作功能。

（3）快件转运中心包括出口多程多式转关申请、出口批量转关核销申请、出口批量修改提单申请和出口批量捆绑转关申请。

（4）运抵报告包括出口转关货物起运地运抵报告申请。

（5）查询/打印包括转关单查询、快递转运中心查询、运抵报告查询。
（6）业务统计功能实现对进出口转关单业务统计。

（二）业务流程

转关申报子系统操作流程如图 5－25 所示。

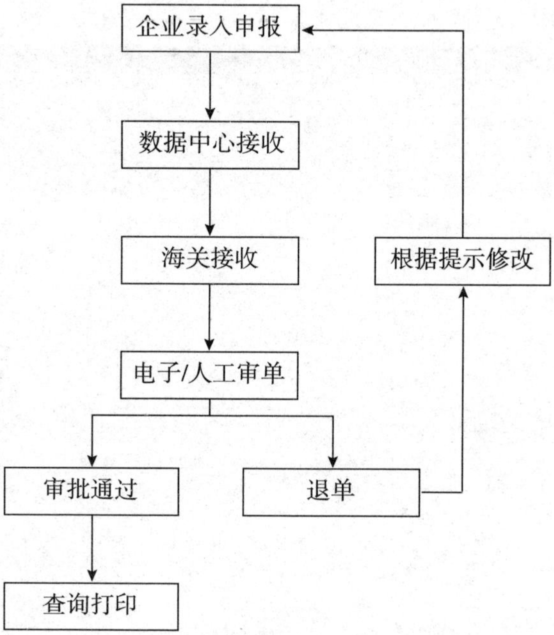

图 5－25

权威发布 转关申报业务是整个海关进出口业务的中心环节，也是电子口岸预录入系统的重要组成部分。针对企业转关运输货物需从入境口岸转运到另一海关办理海关手续的特点，中国电子口岸数据中心开发了电子口岸预录入版转关单申报系统，以期能更好地满足专业报关行、预录入公司转关单申报的需要。

转关运输货物是指由入境口岸转运至另一设关地点办理进口海关手续的货物；在起运地已办理出口海关手续运往出境地，由出境地海关监管放行的货物；由关境内一设关地点转运到另一设关地点应受海关监管的货物。

三、公自用物品申报子系统

（一）功能简介

公自用物品申报子系统是为满足海关对外商、外交常驻机构公自用物品监管和分析统计需要而开发的，系统包括11种单据的备案、申报/申请，分别是："外交机构备案"、"外交人员备案"、"外交机构公用物品申报"、"外交机构个人物品申报"、"常驻机构备案"、"常驻人员备案"、"常驻机构公用物品申请"、"非居民长期旅客物品申报"、"驻外使领馆人员进境车辆申请"、"旅客分运行李物品通关申报" 和 "留学生购车申请"。主要实现单据的录入、修改、删除、申报、查询和下载等操作。

公自用物品申报子系统主界面，如图5－26所示。

公自用物品申报子系统主要包括以下几个功能。

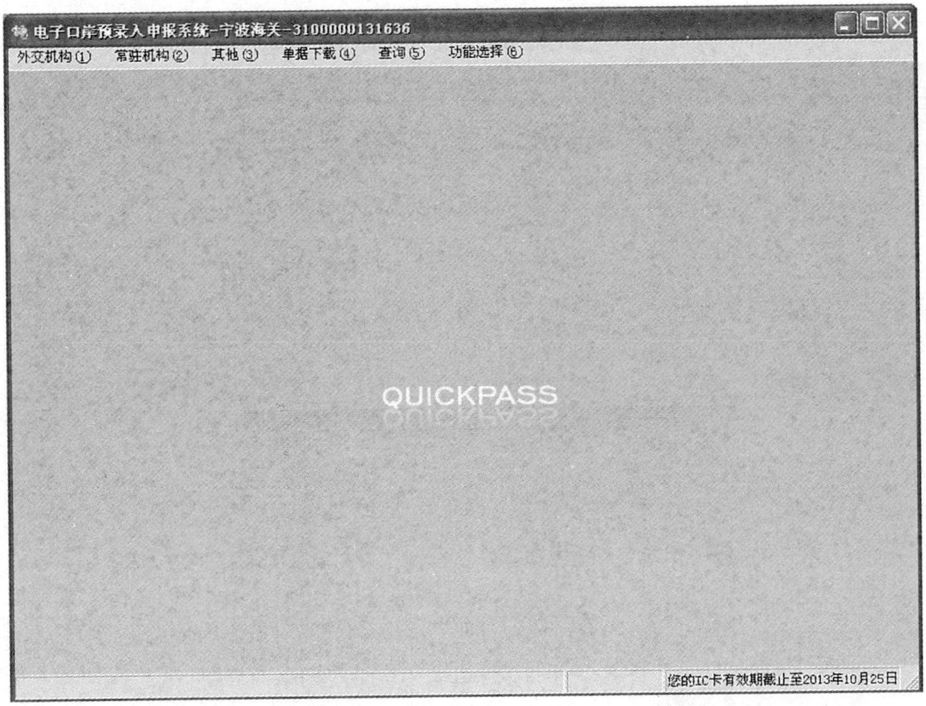

图5－26

（1）外交机构包含外交机构备案、外交人员备案、外交机构公用物品申报、外交机构个人物品申报。

（2）常驻机构包含常驻机构备案、常驻人员备案、常驻机构公用物品申报、常驻机构个人物品申请。

（3）其他包含驻外使馆人员车辆进境车辆申请、旅客分运行李物品通关申报、留学生购车申请。

（4）单据下载包含外交机构备案信息下载、外交人员备案信息下载、外交机构公用物品申报下载、外交机构个人物品申报单下载、常驻机构备案信息下载、常驻人员备案信息下载、常驻机构公用物品申报表下载、非居民长期旅客物品申请单下载、驻外使领馆人员进境车辆申请单下载、旅客分运行李物品通关申报单下载、留学生购车申报表下载。

（5）查询包含外交机构备案信息查询、外交人员备案信息查询、外交机构公用物品申报查询、外交机构个人物品申报单查询、常驻机构备案信息查询、常驻人员备案信息查询、常驻机构公用物品申报表查询、非居民长期旅客物品申报表查询、驻外使领馆人员进境车辆申报表查询、旅客分运行李物品通关申报表查询、留学生购车申报表查询。

公自用物品申报子系统功能结构图，如图 5－27 所示。

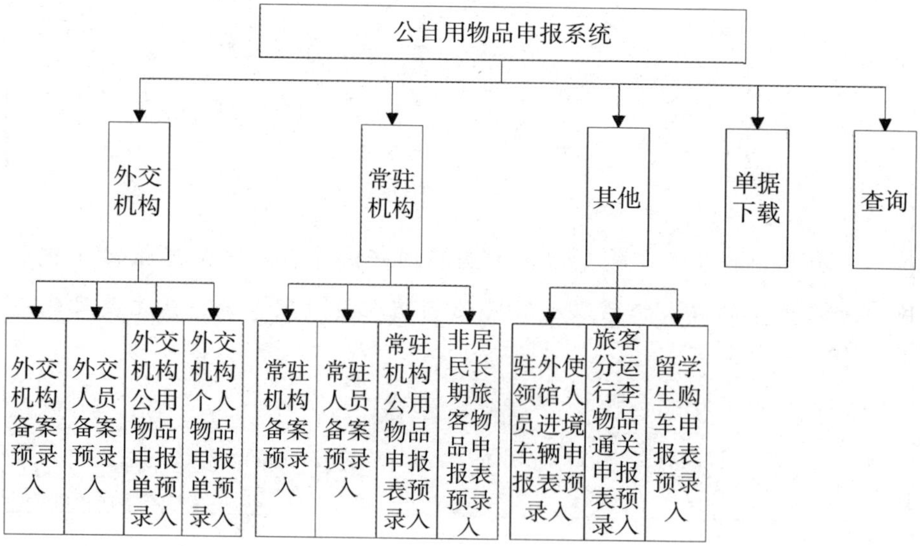

图 5－27

（二）业务流程

公自用物品申报操作流程，如图 5－28 所示。

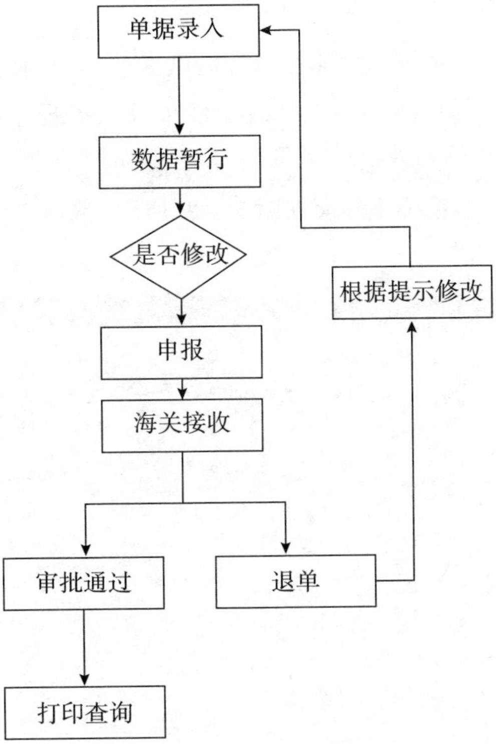

图 5－28

权威发布 公自用物品申报子系统主要管理对象为外交机构和常驻机构的公私用物品及车辆、留学生购买国产汽车、入境定居旅客（非居民长期旅客）的私人物品以及驻外使领馆人员进境车辆，其主要目的是依照海关监管要求，对机构及机构人员进行备案，对进出境的公自用物品和车辆进行申报。

该系统将现有的外国驻华常驻机构及非居民旅客等非贸易物品监管工作的手工操作方式转变为计算机程序化管理方式，提高了工作效率的同时加强了对外商、外交常驻机构公自用物品监管的准确性。

四、跨境快速通关子系统

（一）功能简介

跨境快速通关子系统是为境外司机提供提前向内地海关申报载货清单电子数据的系统。其功能主要包括载货清单录入申报、车次确认、查询、统计等。

跨境快速通关子系统主界面如图 5－29 所示。

图 5－29

跨境快速通关子系统主要包括以下几个功能。

（1）载货清单录入申报包含进口载货清单和出口载货清单。

（2）车次确认包含车次确认、取消确认和进境时间查询。

（3）查询功能是对录入的载货清单进行查询。

（4）统计功能是对录入的载货清单进行统计。

（二）业务流程

跨境快速通关子系统操作流程，如图 5－30 所示。

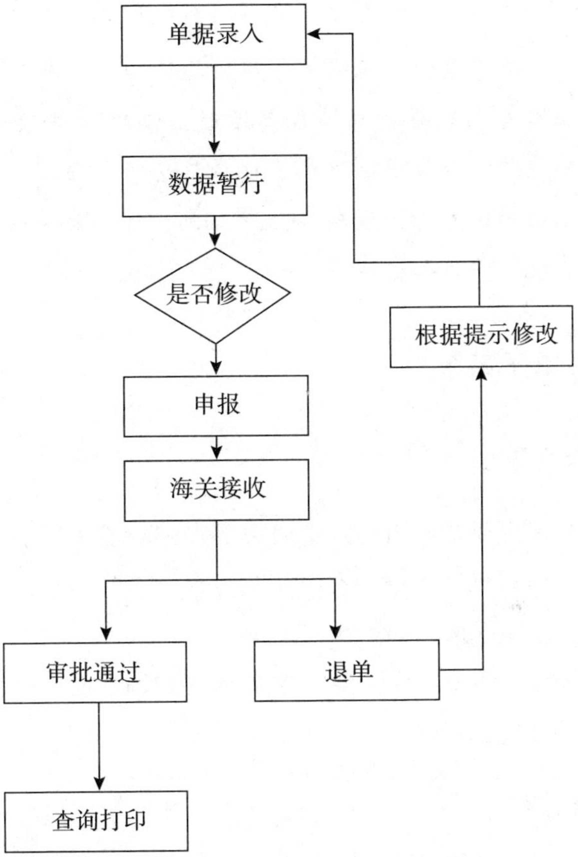

图 5－30

权威发布 近年来，现代物流体系跨境物流运输发展十分迅猛，对口岸通关验放能力与把关服务水平提出了新的要求，为了满足口岸海关监管的新要求，全国海关信息中心与中国电子口岸数据中心共同研发了跨境快速通关系统。

我国口岸海关通过跨境快速通关系统与其他区域陆路边境海关之间的

行政执法互助，在确保有效监管的前提下，充分利用现代信息技术手段，进一步加快跨境运输工具和货物在两地陆路关境之间的验放速度，符合条件的跨境运输车辆可以径行通过口岸海关通道，大大提高通关效率。

权威解读 跨境快速通关系统中境外司机提前将载货清单电子数据通过中国电子口岸信息平台向内地海关申报，指运地海关即可办理报关单提前申报和审单征税手续。货物在境外起运时启动电子关锁和 GPS 监控系统，车辆经过内地陆路口岸通道时电子口岸信息平台确认载货清单申报内容，自动核放系统确认电子关锁和 GPS 等信息，径予转关放行，货物运抵指运地海关后办理货物验放手续。

五、通关单子系统

（一）功能简介

通关单子系统主要是向用户提供通关单查询功能。用户通过“通关单查询”功能可随时查询通关单状态等相关内容。

通关单子系统主界面，如图 5－31 所示。

通关单查询模块主要提供了通关单数据的查询功能，可以通过通关单号或签发日期条件进行查询。

（二）业务流程

通关单子系统操作流程，如图 5－32 所示。

权威发布 为积极应对进出口产品质量和食品安全的严峻形势，发挥海关和检验检疫口岸执法把关职能，进一步加强产品质量和食品安全监管工作，全面提升我国产品质量水平，质检总局、海关总署按照全国质量工作会议要求以及国务院领导的指示精神，协商决定开展通关单联网核查工作，通过联合执法，共同打击逃漏检行为，严防有问题的商品非法进出境，特别是有毒有害物质和疫病进入我国，规范进出口秩序。

图 5－31

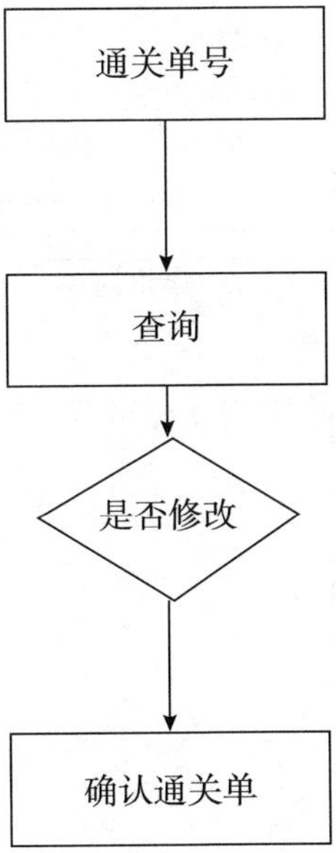

图 5－32

通关单子系统是在质检、海关总署相关部门以及中国电子口岸数据中心（以下简称“电子口岸”）多个部门共同努力下，由电子口岸开发而成的。

该系统大大简化了通关手续，降低了企业贸易成本，同时提高了口岸通关效率。

六、集中申报子系统

（一）功能简介

集中申报子系统主要包括集报备案、集报清单录入申报、集报清单汇总生成报关单、集报报关单、集报清单查询、集报清单与报关单对应关系查询等功能。目前该系统在深圳海关应用比较广泛。

用户通过该系统办理集中申报备案手续，并通过该系统向海关申报进出口货物集报清单办理验放手续。企业在海关规定的期限内将集报清单汇总，生成集中申报报关单向海关申报，海关对集中申报报关单进行审核，审核流程同普通报关单，企业按照海关要求办理涉证涉税货物监管手续。

系统功能模块，如图5－33所示。

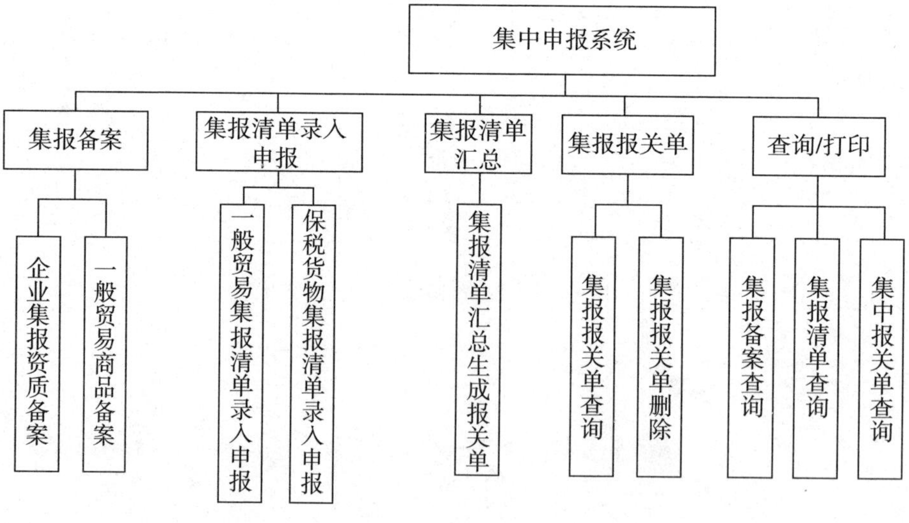

图5－33

集中申报子系统主界面，如图 5－34 所示。

图 5－34

集中申报子系统主要包括以下几个功能。

集报备案主要包括集报企业备案和一般贸易商品备案，企业备案成功后获得集报资质，按备案的商品范围向海关申报集报清单，然后按规定的期限汇总生成报关单向海关申报。集报企业资质和集报商品内容发生变更后，需要向海关申请集报备案变更。

集报清单录入申报有一般贸易集报清单录入申报和保税货物集报清单录入申报，主要包括集报清单的新增、修改、暂存、申报、打印等功能。企业向海关申报集报清单，海关审批通过后可以凭集报清单办理放行手续，每个月月底或者次月月初企业选择已放行的集报清单，汇总生成报关单向海关申报。

同时，该系统提供查询功能。企业可以查询企业备案信息、集报商品备案信息、集报清单、集报清单与报关单的汇总关系等数据。集报清单汇总生成报关单后，报关单的申报及查询在报关单系统实现。

（二）业务流程

集中申报子系统操作流程，如图 5－35 所示。

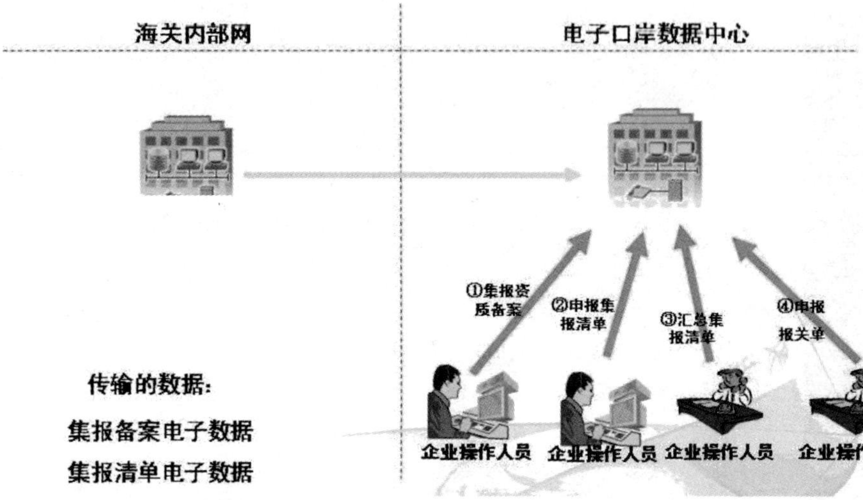

图 5－35

权威发布 为了向通关时效要求较高、进出口商品重复性强的企业提供快速便捷的通关服务，海关针对信誉优良企业开展集中申报业务。为了规范集中申报货物的录入申报，切实提高通关效率，降低企业通关成本，中国电子口岸数据中心开发了集中申报预录入系统，并于 2009 年 6 月正式上线运行。

七、原产地证书预录入子系统

原产地证书（ECFA）预录入子系统能够实现质检签发的原产地证书电子数据的新增、暂存、申报、修改、删除、查询功能。

系统功能，如图 5－36 所示。

原产地证书预录入界面，如图 5－37 所示。

原产地证书查询界面，如图 5－38 所示。

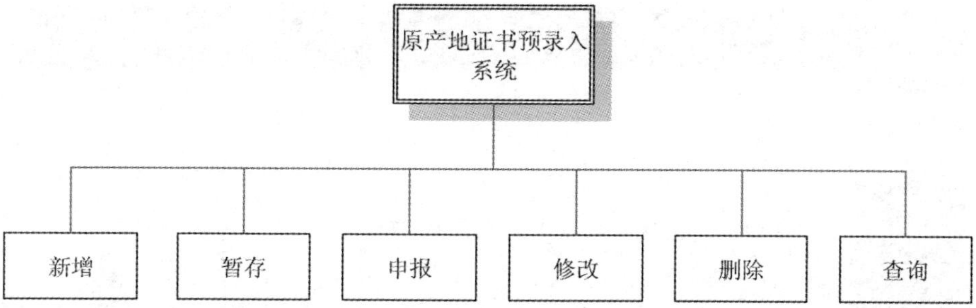

图 5－36

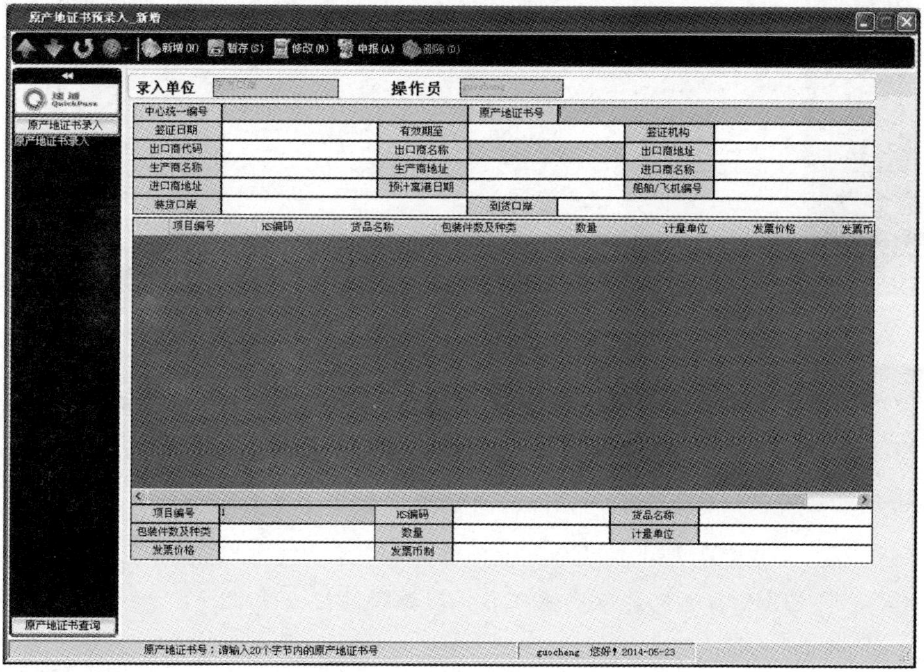

图 5－37

权威发布　2010 年 6 月 29 日，《海峡两岸经济合作框架协议》（ECFA）在重庆正式签署。这是两岸关系和平发展时期的重要战略决策，意义重大，影响深远。ECFA 的签署，标志着两岸经济关系进入制度化合作的新时期，是两岸关系史上重要的里程碑，必将对岛内政经局势及两岸关系产生深远影响。

2011 年 1 月 1 日 ECFA 货物贸易早期收获计划实施以来，两岸年受惠

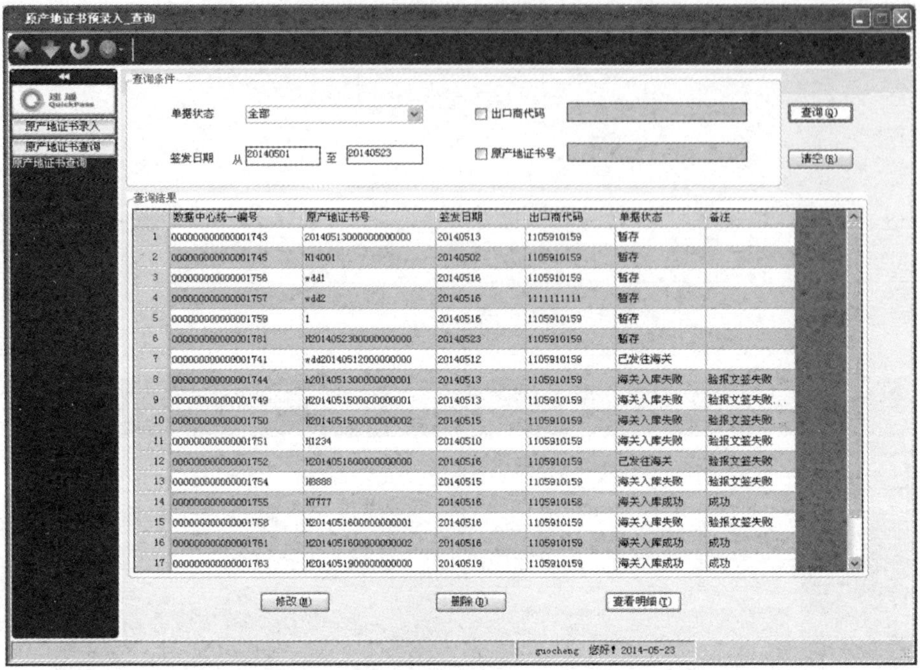

图 5－38

货物金额已突破百亿美元（截至 2012 年）。两岸正在协商的 ECFA《货物贸易协议》，将实现两岸绝大部分商品的自由化，两岸货物贸易预计将会出现迅猛增长，这一形势对两岸海关的监管提出了更高的要求。

为了更好地使 ECFA 的优惠措施落到实处，保证“严密监管、高效运作”，对 ECFA 项下优惠原产地证书将实施联网核查管理。

第三节　加工贸易类系统

一、电子账册子系统

（一）功能简介

电子账册子系统又称为加工贸易联网监管系统。该子系统通过公共网络以中国电子口岸为平台，以企业为单元建立电子账册，相关政府管理部门联网审批，实现对企业加工贸易活动的实时监管与分段核销。通过该系统，用户可以方便、快捷地办理加工贸易联网监管相关的前期、中期、后期业务及通关报关业务，在提高企业整体通关业务效率的同时也加强了海关及相关政府部门对企业的监管。

用户通过电子账册子系统可以向商务主管部门和海关进行联网监管各项业务的备案和变更。

系统功能界面，如图 5－39 所示。

图 5－39

（二）业务流程

系统业务流程如图 5－40 所示。

该系统的操作流程如下。

（1）企业首先进入电子账册系统，录入经营范围各项内容，录入完毕后点击“生成报文”，即可向海关和商务部门进行备案申请。商务部门首

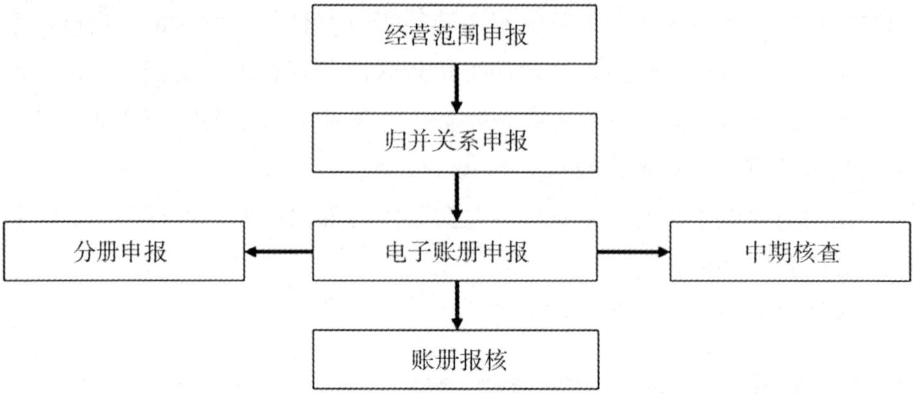

图 5－40

先审核企业的经营范围是否在允许的加工贸易范围之内，审核通过后，再将企业的经营范围备案信息发给海关，海关对此进行确认审核。

（2）商务部门和海关审批同意后，分别给出批准证编号和批文账册号，由系统自动返填到经营范围中的“批准证编号”和“批文账册号”两项中。

（3）企业录入归并关系各项。归并关系中的“账册编号”先不填，等电子账册备案被海关审批通过后，由系统自动返填电子账册编号。录完后点击“生成报文”，即可向海关进行归并关系备案申请。

（4）企业录入电子账册各项。电子账册中的“企业内部编号”应为归并关系中的“企业内部编号”。录完后点击“生成报文”，即可向海关进行电子账册备案申请。

（5）海关审批通过后，给出统一的“账册编号”，由系统自动返填到归并关系和电子账册的“账册编号”一项中。

（6）若企业要进行异地报关并且异地海关使用 H883 通关系统，则还需在电子账册备案的基础上，进行账册分册的备案。账册分册中的“账册编号”即为电子账册中的“账册编号”。海关审批同意后，给出统一的账册分册号，由系统自动返填到账册分册的“分册号”一项中。

（7）电子账册或分册的备案完成后，企业进入报关申报子系统的清单菜单，在“账册编号”一项中填入海关给定的电子账册编号或分册号（若为本地报关填电子账册编号，若为异地报关则填分册号），即可调出相应的电子账册或分册数据。企业填写完清单各项数据后点击“申报”，即实现清单申报。

（8）数据中心按一定原则将清单拆分生成报关单，并向企业发出清单回执信息（包含统一编号）；企业通过查询/打印菜单中的清单查询/打印子菜单，查到数据中心给出的统一编号后，即可调出清单生成的报关单信息；企业继续填写完报关单中的剩余各项后，点击“申报”，即实现报关单申报。

（9）企业在电子账册子系统中定期向海关进行中期核查数据申报。中期核查数据中的“账册编号”和“企业内部编号”即为电子账册中的“账册编号”和“企业内部编号”。

（10）企业的报关单申报完成后，通过电子账册子系统的数据报核单，定期向海关进行数据报核。数据报核中的“账册编号”和“企业内部编号”即为电子账册中的“账册编号”和“企业内部编号”。

小贴士　电子口岸预录入系统电子账册子系统主要是针对没有使用ERP系统的企业，此类企业利用该系统手工录入相关数据后向海关进行申报，也可以通过第三方软件定制开发ERP接口，实现数据导入，归并关系备案，账册备案、变更、核销等功能。

权威发布　加工贸易是企业从其他国家（或地区）进口原材料，再把利用这些原材料加工成的产品全部出口的一种贸易方式。

加工贸易联网监管系统的具体内容是：以企业为单元建立电子账册，企业依据电子账册进行进出口通关和滚动核销。海关对企业加工贸易的实际情况可实现全程联网管理，相关政府部门也可以通过电子口岸数据中心平台实现联网审批。

二、无纸化手册子系统

（一）功能简介

无纸化手册子系统主要实现备案资料库备案、变更，通关手册备案、变更，数据报核，通知信息查询等功能。

系统功能界面，如图5－41所示。

图5－41

无纸化手册子系统主要包括以下几个功能。

（1）备案资料库备案、变更：企业将本企业用于加工的所有料件、加工后成品的基本信息向海关进行备案。料件和成品的基本信息称为备案资料库。一个企业只允许有一份备案资料库在执行。

（2）通关手册备案、变更：企业直接向海关备案进口料件、出口成品的详细信息及成品与料件的耗用关系。

通关手册与备案资料库为一对多的关系。通关手册的备案以备案资料库为基础，即备案资料库审批通过后才能进行通关手册的备案，且通关手册料件、成品表体以备案资料库料件成品表体为数据基础，根据备案资料库备案序号调用生成，再补充录入相关信息。

（3）数据报核：在通关手册有效期限内，企业需要向海关报送核销数据，即通关手册中料件的实际进口数量、结转数量、边角料及余料等数量。出口成品的实际出口数量，成品退换数量等，及企业本次参与核销的报关单列表。

（4）通知信息：海关在对企业进行无纸化手册审核过程中会向企业发送相关信息。

小贴士　加贸集成通软件也可实现无纸化手册子系统相同功能，并对实际进出口明细数据进行统计分析，目前仅在少数关区进行试运行。

（二）业务流程

无纸化手册子系统操作流程，如图5－42所示。

（1）备案资料库备案：加工贸易企业的所有料件、成品的预归类信息包含货号、商品编码、商品名称、计量单位、是否主料等数据。海关审批通过后，返回备案资料库编号。

（2）通关手册备案：进行通关备案表头、表体的录入及申报（表体的录入需要调用备案资料库数据）。海关审批通过后，返回通关手册编号，企业即可进行通关业务操作。

（3）通关处理：企业在报关申报系统中录入报关单，向海关申报。同于现有“报关单”通关流程。

（4）数据报核：企业的加工贸易合同完成后，通过无纸化手册子系统的数据报核界面，向海关进行手册的报核。数据报核、海关核算并结案后，该手册结束。

权威发布　为全面贯彻落实《海关保税加工和保税物流监管改革分步实施方案》，加快纸质手册电子化指示的精神，在加工贸易手册备案、通关和核销结案等环节采用电子手册取代纸质手册，并通过与其他部委的联网逐步取消其他纸质单证作业，实现纸质手册电子化，最终实现“电子申

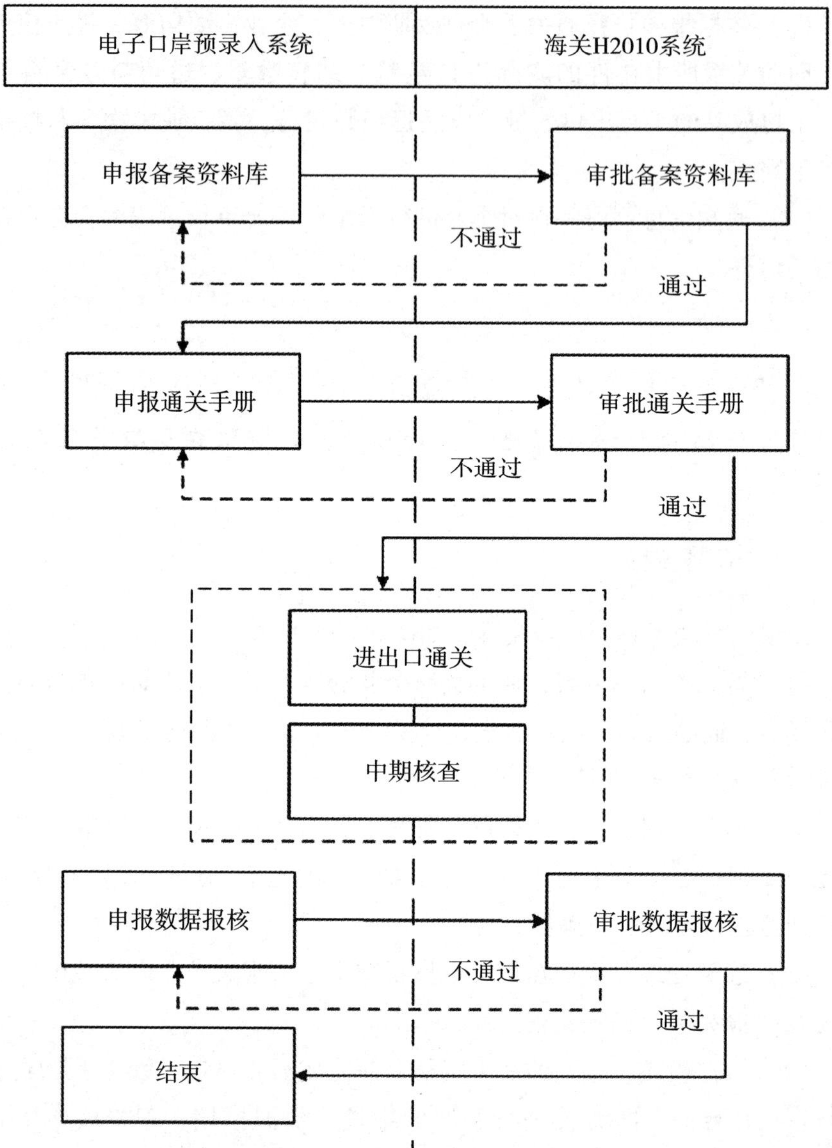

图5－42

报、网上备案、无纸通关、无纸报核”。海关总署加贸司在2006年7月提出了实现纸质手册电子化的目标。

无纸化手册子系统是中国电子口岸数据中心受海关总署委托，为规范加工贸易企业进出口行为和加工秩序，为解决业务现场疲于应付单证作业和重复劳动的问题，必须充分利用信息化的手段以达到海关的监管资源重新配置和重心向实际监管转移的目的而开发的新一代加工贸易手册系统。

权威解读 无纸化手册子系统通过公共网络以中国电子口岸为平台，通过以合同为单元建立备案资料库和通关手册，企业根据备案后的通关手册进行通关及核销。海关根据企业备案数据及实际进出口情况对手册进行手册核算、结案操作。

三、内销征税申报子系统

（一）功能简介

通过内销征税申报子系统，企业可以方便、快捷地办理加贸手册、电子账册、电子手册的内销征税业务。

系统功能模块，如图 5 - 43 所示。

系统功能界面，如图 5 - 44 所示。

内销征税申报子系统主要包括以下几个功能。

（1）料号级数据备案主要包括表头（企业基本信息）、表体（内销料件、内销成品）的备案。

（2）项号级数据备案主要包括表头（企业基本信息）、表体（内销料件、内销成品）的备案。

（3）数据查询：实现内销征税联系单申报数据和审批回执的查询功能。

（4）联系单下载：实现内销征税联系单下载。

（二）业务流程

内销征税申报子系统操作流程，如图 5 - 45 所示。

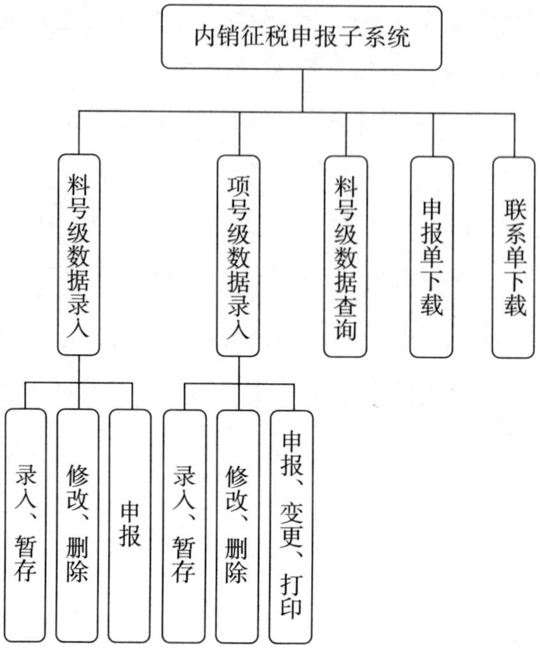

图 5－43

权威发布 加工贸易内销管理工作一直采用手工作业的落后工作方法。在内销管理工作中，存在内销审核不规范，部分加工贸易内销价格偏低的问题。内销征税申报子系统为进一步推动和完善综合治税工作机制，规范海关加工贸易内销审核操作，实现加工贸易项下传统手册、电子账册、电子手册内销征税业务管理的信息化发挥了重大的功用。

权威解读 内销征税申报子系统以加工贸易企业已备案的加工贸易手册、电子账册、电子手册为数据基础，通过手工录入或全自动导入方式方便、高效地调取企业手册（账册）中已备案的归并前（料号级）、归并后（项号级）数据进行内销数据的备案申报。主管海关通过 H2010 系统对企业内销数据进行审核，从而实现企业内销业务信息化和海关内销征税审核的规范化，有力提高了企业内销申报业务和内销通关业务效率，降低了企业内销业务成本。

内销征税申报子系统主要申报单。

图 5－44

（1）料号级申报单：从事加工贸易内销业务的企业，须先向海关备案内销的料件、成品等信息，海关审批通过后，再进行后续的内销征税报关申报业务。其中电子账册用户和料号级电子手册用户可先进行料号级申报单数据申报，申报后系统自动生成项号级数据，用户补录完整后再申报项号级备案数据。

（2）项号级数据申报：有加工贸易内销业务的企业，须先向海关备案内销的料件、成品等信息，海关审批通过后，再进行后续的内销征税报关申报业务。其中的加贸手册用户和项号级电子手册用户可直接进行项号级数据备案；而电子账册用户和料号级电子手册用户可先进行料号级数据备案，申报后系统自动生成项号级数据，用户补录完整后再申报项号级备案数据。

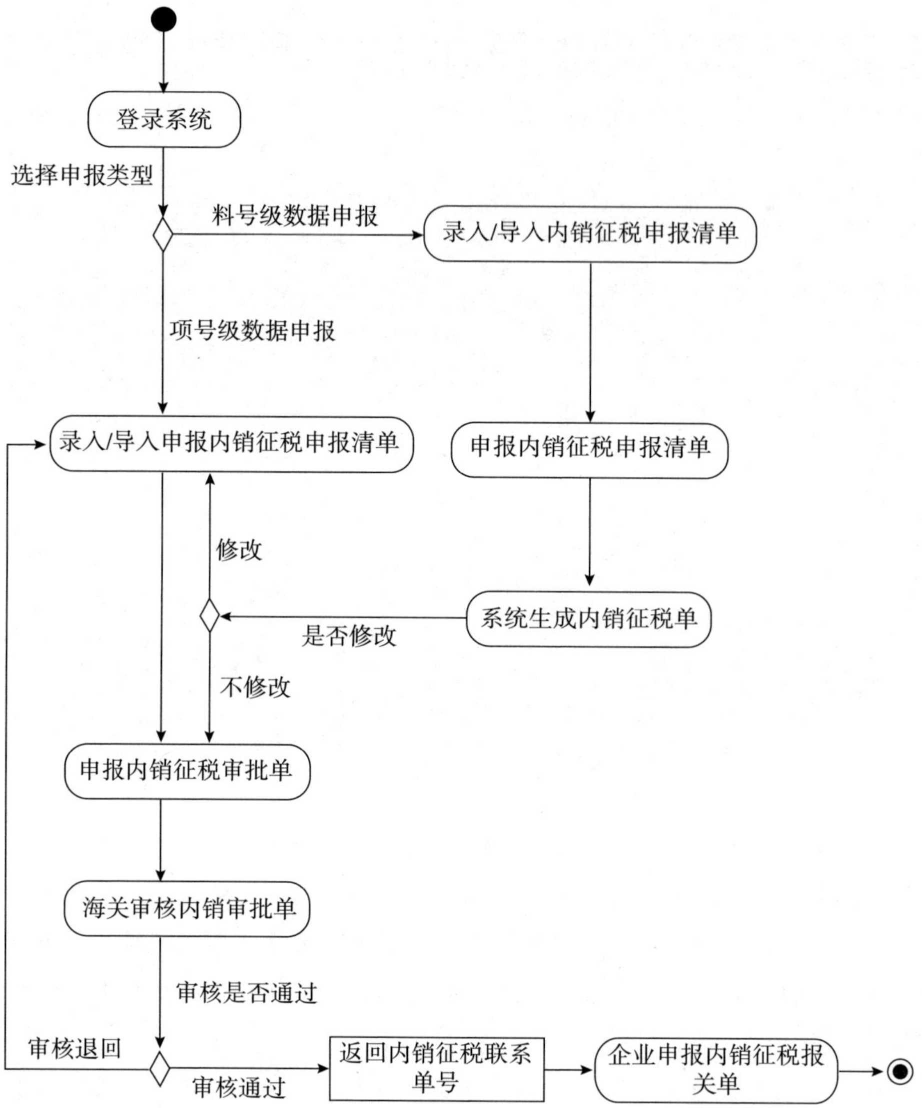

图 5－45

四、保税仓库子系统

（一）功能简介

保税仓库子系统可以方便、快捷地办理与保税仓库相关的业务和报关业务。它具有经营范围备案申请和变更申请、电子账册备案申请和变更申请、账册分册备案申请和变更申请、数据和回执查询功能。

系统功能界面，如图 5－46 所示。

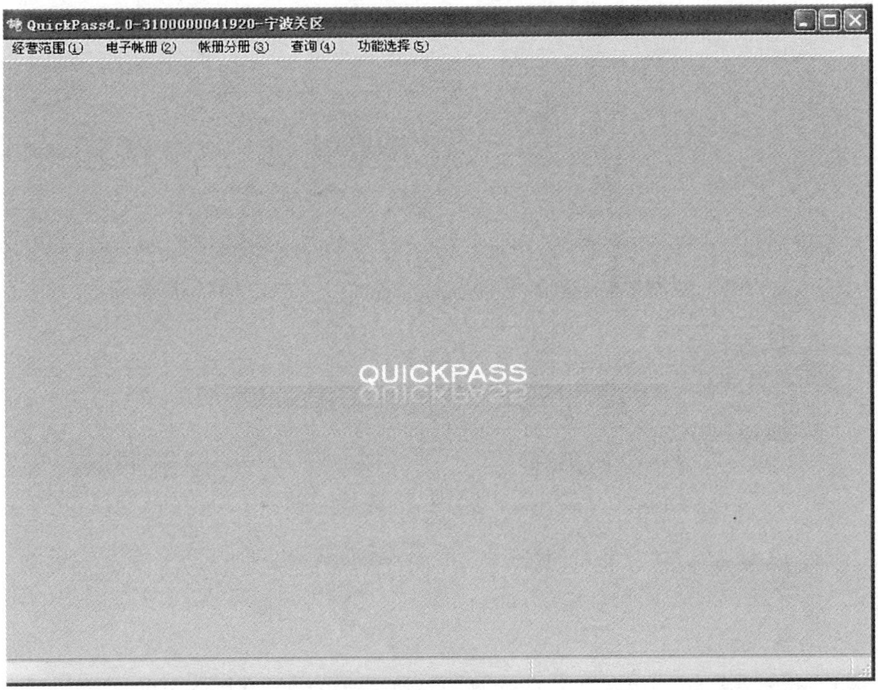

图 5－46

（二）业务流程

保税仓库子系统操作流程，如图 5－47 所示。

（1）保税仓库企业在保税仓库子系统中录入经营范围备案各项数据，录完后点击“生成报文”，即可向海关进行经营范围备案申报，收到入库成功回执后等待海关审核。

（2）海关审批同意后，分别给出经营范围的“批文账册号”和“保税仓批准证”，由系统自动返填到经营范围中的“批文账册号”和“保税仓批准证”两项中。

（3）企业再录入电子账册各项。电子账册中的“批文账册号”和“保

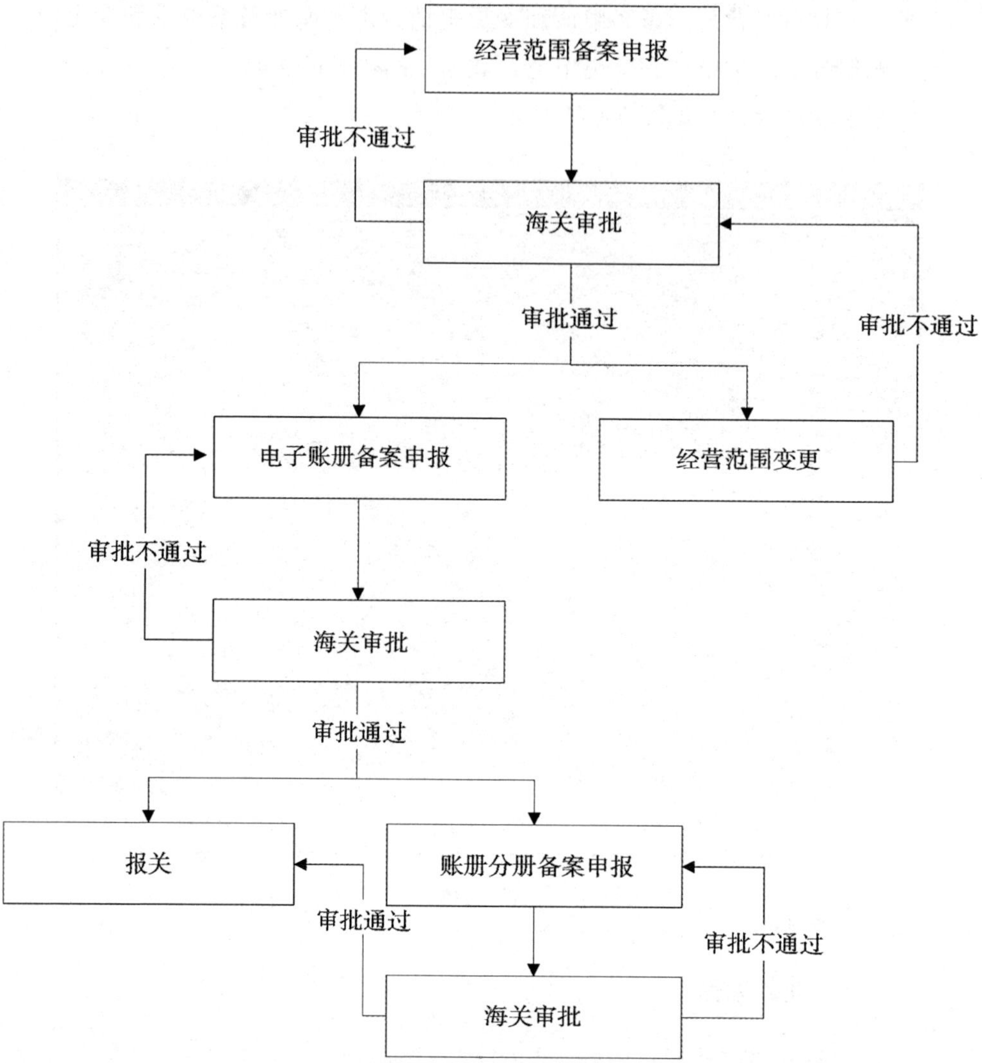

图 5－47

税仓批准证”即为经营范围中的“批文账册号”和“保税仓批准证”。录完后点击“生成报文”，即可向海关进行保税仓电子账册备案申报，收到入库成功回执后等待海关审核。

（4）海关审批同意后，给出统一的“账册编号”，由系统自动返填到电子账册的“账册编号”一项中。

（5）若企业要进行异地报关，则还需在电子账册备案的基础上，进行账册分册的备案。账册分册中的“账册编号”即为电子账册中的“账册编号”，账册分册中的“批准证编号”即为经营范围中的“保税仓批准证”。

(6) 海关审批同意后，给出统一的账册分册号，由系统自动返填到账册分册的“分册号”一项中。

(7) 电子账册或分册的备案完成后，企业进入报关申报系统，在报关单中“备案号”一项填入海关给定的电子账册编号或分册号（若为本地报关填电子账册编号，若为异地报关则填分册号），即可调出相应的电子账册或分册数据，此外，企业仍需继续填写剩余各项。

(8) 企业填写报关单中的剩余各项后，即可生成完整的报关单，向海关进行申报。

权威发布 我国是发展中国家，我国保税制度的重点是促进对外加工制造业的发展，充分利用国外资金、技术，发挥本国劳动力资源优势，加快国民经济建设的步伐。

保税仓库子系统通过计算机联网的方式，为海关、保税仓库、报关行相关部门提供口岸业务综合服务。通过该系统，大大提高了保税仓库管理和报关通关的工作效率，方便了外网与内网之间的沟通，加大了海关对保税仓库的监管力度。

权威解读 我国海关目前主要的保税形式有为国际商品贸易服务的保税仓库、保税区、寄售代销、免税品商店，有为加工制造服务的来料加工、进料加工、保税工厂、保税集团、保税区。

小贴士 保税仓库是指经海关批准设立的公共型保税仓库和自用型保税仓库，不包括出口监管仓库。按照建设现代海关制度和电子海关的要求，必须对保税仓库实行计算机管理，从而改变过去由于海关管理手段落后，被走私犯罪分子钻空子利用保税仓库进行走私的现象。海关对保税仓库及其进出仓货物实行保税仓库电子账册管理。保税仓库电子账册是企业开展保税仓储业务前必须向主管海关申请建立的电子文档，是企业向海关申报进出仓货物的电子凭证，是海关为控制和记录企业申报进出及存仓保税货物所建立的电子数据账册。

五、深加工结转子系统

（一）功能简介

深加工结转子系统具有结转申报表审批备案和结转收发货单的自动备案，以及相关的逻辑检控、预警、分析、统计、评估等功能。

深加工结转子系统包括“外发加工管理”功能，主要包括外发加工申报表备案和收发货单登记。

系统功能模块，如图 5 - 48 所示。

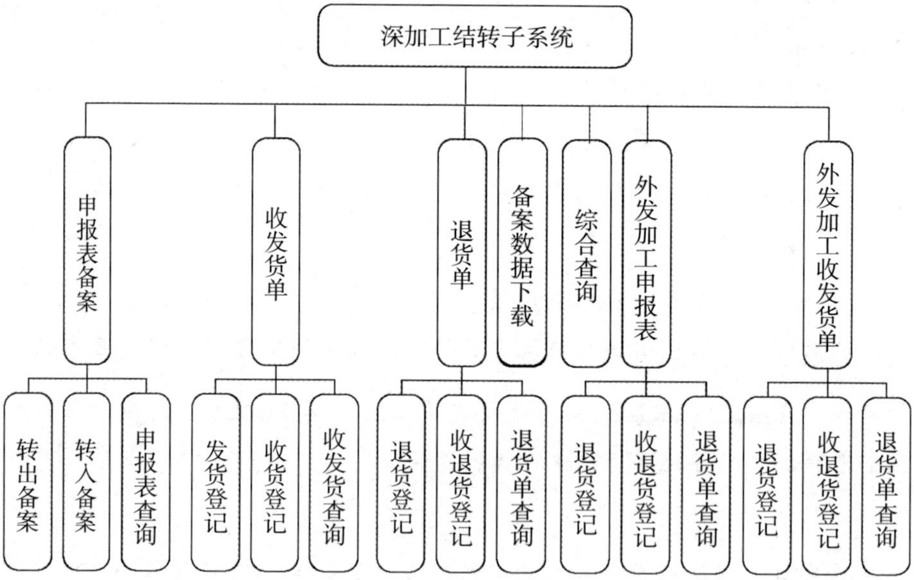

图 5 - 48

深加工结转子系统主界面，如图 5 - 49 所示。

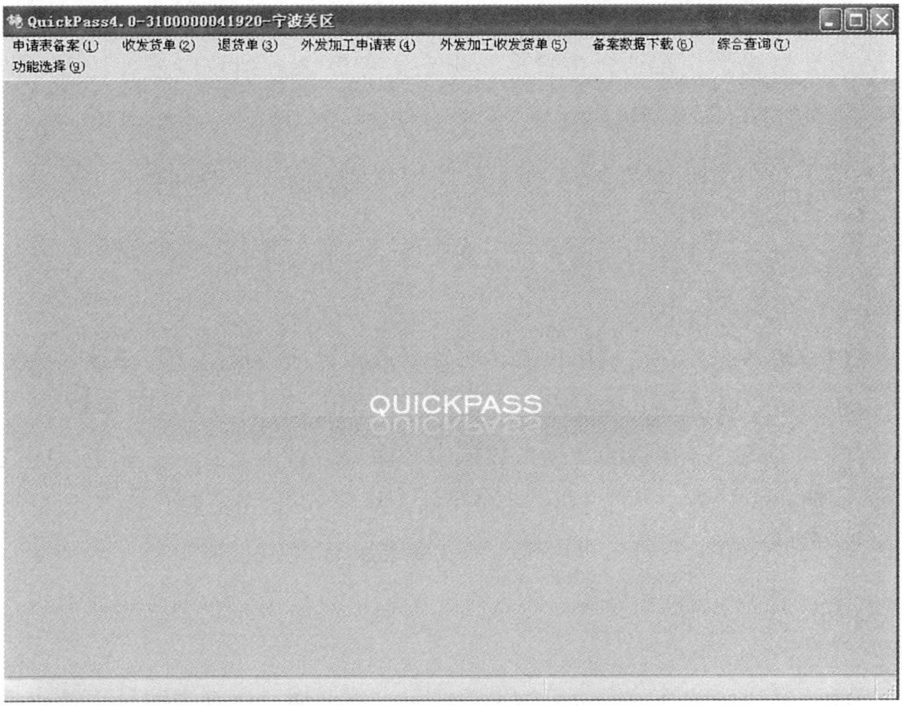

图 5-49

(二) 业务流程

深加工结转子系统总体操作流程，如图 5-50 所示。

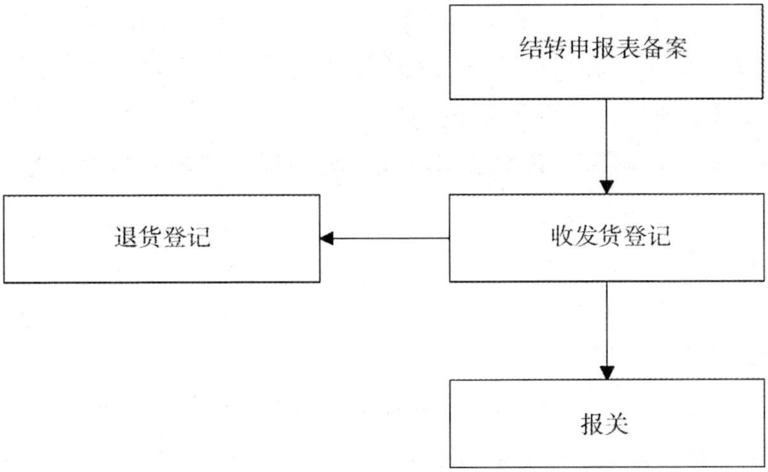

图 5-50

一般保税货物深加工结转总体操作流程如下。

（1）转出企业在结转申报表转出备案界面录入结转申报表转出方数据，申报成功入数据中心库。

（2）数据中心入库成功，返回给转出企业结转申报表的电子口岸统一编号，转出企业将此编号通知转入企业。

（3）转入企业在“备案数据下载”界面根据电子口岸统一编号下载转出企业申报的结转申报表。

（4）转入企业在结转申报表转入备案录入界面根据电子口岸统一编号调出转出企业申请的申报表数据，录入结转申报表转入方数据并申报。

（5）转入企业申报的数据入数据中心库后，转出、转入企业申报的数据同时向海关转发，一般保税货物深加工结转申报表由转出海关先行审批，转出海关审批通过后再由转入海关审批。海关审批通过后，深加工结转申报表建立，返回给转出、转入企业结转申报表编号，结转企业可进行收发货操作。

（6）转出企业在收发货单的发货登记界面根据“申报表编号”调出结转申报表信息，录入转出方发货登记数据，并向海关申报。

（7）当转出企业发货登记被主管海关审批通过后，如果需对此发货登记进行撤销操作，则转至（8）；如果不需对此发货登记进行撤销操作，则通知转入企业收发货单编号，转至（9）。

（8）查询到被海关审批通过的发货登记，确认需撤销此发货登记，单击“撤销”按钮，录入发货登记撤销原因，确认后发送发货登记撤销申请，海关审批通过后，发货登记撤销成功。

（9）转入企业在“备案数据下载”界面根据“收发货单编号”下载转出企业申报的发货登记。

（10）转入企业在收发货单的收货登记界面根据“收发货单编号”调出转出企业申报的发货登记，录入收货信息并向海关申报，海关审批通过后，此票收发货操作完成。

（11）转出、转入企业在报关申报系统内申报出、进口报关单。

（12）转入企业在退货单的退货登记界面根据“申报表编号”调出结转申报表信息，录入转入方退货登记数据，并向海关申报。

（13）当转入企业退货登记被主管海关审批通过后，如果需对此退货登记进行撤销操作，则转至（14）；如果不需对此退货登记进行撤销操作，则通知转出企业退货单编号，转至（15）。

（14）查询到被海关审批通过的退货登记，如确认需撤销此退货登记，单击“撤销”按钮，录入退货登记撤销原因，确认后发送退货登记撤销申请，海关审批通过后，退货登记撤销成功。

（15）转出企业在“备案数据下载”界面根据“退货单编号”下载转入企业申报的退货登记。

（16）转出企业在退货单的收退货登记界面根据“退货单编号”调出转入企业申报的退货登记，录入收退货登记，并向海关申报，海关审批通过后，此票退货操作完成。

（17）在结转申报表经海关审批通过后，企业如果需要变更申报表，可以在申报表查询界面查询出该票申报表，选中后单击“变更”按钮进行数据变更。

一般保税货物深加工结转操作流程图，如图 5 - 51 所示。

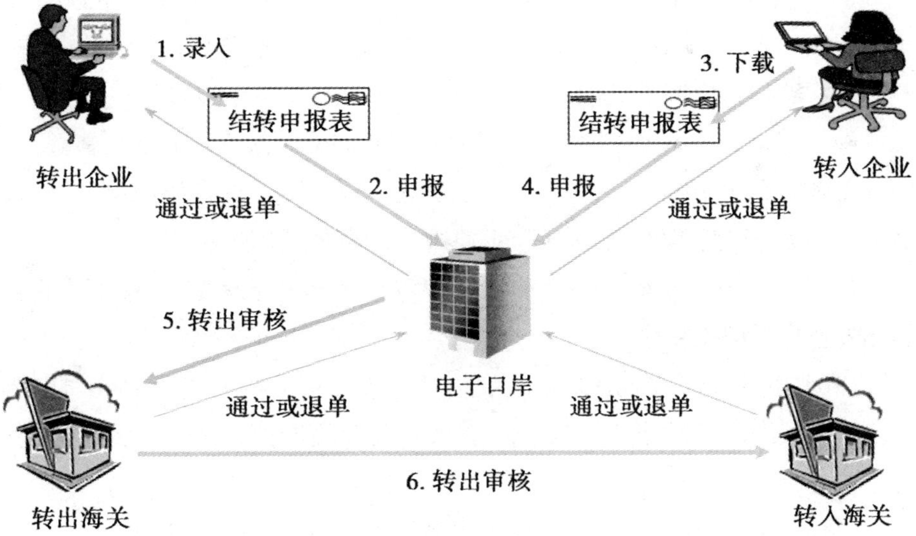

图 5 - 51

出口加工区货物深加工结转只能作为转出方，一般保税货物不允许结转进出口加工区，其总体操作流程如下。

（1）转出企业在结转申报表转出备案界面录入结转申报表转出方数据，申报成功入数据中心库。

（2）数据中心入库成功，返回给转出企业结转申报表的电子口岸统一编号，转出企业将此编号通知转入企业。

（3）转入企业在“备案数据下载”界面根据电子口岸统一编号下载转出企业申报的结转申报表。

（4）转入企业在结转申报表转入备案录入界面根据电子口岸统一编号调出转出企业申请的申报表数据，并录入结转申报表转入方数据并申报。

（5）转入企业申报的数据入数据中心库后，转出、转入企业申报的数据同时向海关转发，出口加工区深加工结转申报表由转入海关先行审批，转入海关审批通过后再由转出海关审批，海关审批通过后，深加工结转申报表建立，返回给转出、转入企业结转申报表编号，结转企业可进行收发货操作。

（6）转出企业在收发货单的发货登记界面根据“申报表编号”调出结转申报表信息，录入转出方发货登记数据，并向海关申报。

（7）当转出企业发货登记被主管海关审批通过后，如果需对此发货登记进行撤销操作，则转至（8）；如果不需对此发货登记进行撤销操作，在收到卡口放行回执后通知转入企业收发货单编号，转至（9）。

（8）查询到被海关审批通过（包括已过卡口和未过卡口）的发货登记，确认需撤销此发货登记，单击“撤销”按钮，录入发货登记撤销原因，确认后发送发货登记撤销申请，海关审批通过后，发货登记撤销成功。

（9）转入企业在“备案数据下载”界面根据“收发货单编号”下载转出企业申报的发货登记。

（10）转入企业在收发货单的收货登记界面根据收发货单编号调出转出企业申报的发货登记，录入收货信息并向海关申报，海关审批通过后，此票收发货操作完成。

（11）转出、转入企业在报关申报系统内申报出、进口报关单。

（12）转入企业在退货单的退货登记界面根据“申报表编号”调出结转申报表信息，录入转入方退货登记数据，并向海关申报。

（13）当转入企业退货登记被主管海关审批通过后，如果需对此退货登记进行撤销操作，则转至（14）；如果不需对此退货登记进行撤销操作，则通知转出企业退货单编号，转至（15）。

（14）查询到被海关审批通过的退货登记，如确认需撤销此退货登记，单击“撤销”按钮，录入退货登记撤销原因，确认后发送退货登记撤销申请，海关审批通过后，退货登记撤销成功。

（15）转出企业在“备案数据下载”界面根据“退货单编号”下载转入企业申报的退货登记。

（16）转出企业在退货单的收退货登记界面根据“退货单编号”调出转入企业申报的退货登记，录入收退货登记，并向海关申报，海关审批通过后，当出口加工区卡口放行后，此票退货操作完成。

（17）在结转申报表经海关审批通过后，企业如果需要变更申报表，可以在申报表查询界面查询出该票申报表，选中后单击“变更”按钮进行数据变更。

出口加工区结转申报表操作流程图，如图 5－52 所示。

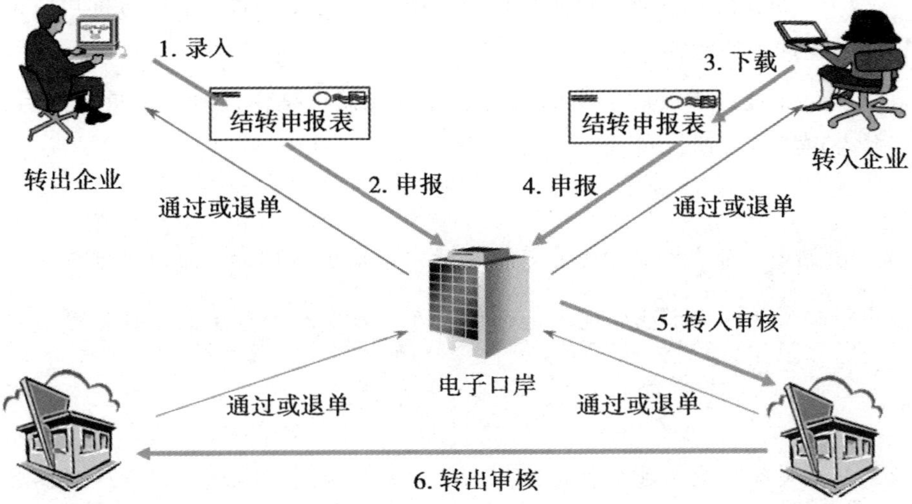

图 5－52

外发加工操作流程如下。

（1）委托方企业在“外发加工申报表—备案申请”界面，录入基本信息及商品明细数据，申报成功入数据中心库。

（2）数据中心入库成功后，系统返回给委托方企业外发加工申报表“电子口岸统一编号”。

（3）数据向海关转发，海关审批通过后，外发加工申报表建立，系统返回给委托方企业外发加工“申报表编号”，委托方企业即可进行外发加工货物的收发货操作。如果进行发货登记转至步骤（4），如进行收货登记转至步骤（6）。

（4）委托方企业在收发货单的“发货登记”界面根据“申报表编号”调出外发加工申报表信息，录入外发货物的发货登记数据，并向海关申报，等待海关审批。

（5）企业可对最后一次的发货登记进行撤销操作，海关审批通过后，收货登记撤销成功（可选）。

（6）承揽方企业加工完成该批外发货物后，委托方企业在收发货单的“收货登记”界面根据“申报表编号”调出外发加工申报表信息，录入收回货物的收货登记数据，并向海关申报。

（7）当委托方企业收货登记被“海关审批通过”后，委托方即可收回该批外发加工的货物。

（8）企业可对最后一次的收货登记进行撤销操作，海关审批通过后，发货登记撤销成功（可选）。

小贴士 外发加工收货申请和发货申请均由委托方申报，外发加工发货申请和收货申请单独申报，无对应关系，外发加工系统只允许撤销最后一次发货申请。

权威发布 改革加工贸易深加工结转监管模式，实现严密监管和高效运作的有机统一，是国务院领导和社会各界高度关注的一项课题。海关总署在总结广东深加工结转模式改革试点经验基础上，新修订的《中华人民共和国海关关于加工贸易保税货物跨关区深加工结转的管理办法》（以下简称《办法》），确立了加工贸易深加工结转新的管理模式，体现“网上备案，动态监控，分别报关，自动对碰，重点核查”的特点和要求。该《办法》已于2004年3月1日起实施。

权威解读 企业可随时通过深加工结转子系统向海关申请深加工结转，并在规定的期限内及时向海关申报收发货情况，海关能够及时掌握企业结转的动态情况，对结转企业、手册、商品开展重点核查。

外发加工作为加工贸易中的一个重要环节，在呼应国家西部大开发战略，实现沿海地区与中西部内陆地区之间产业的梯度转移，延长产业链等方面将发挥巨大的作用。目前，该部分功能直接包含在深加工结转子系统中。企业通过外发加工模块向海关递交外发加工备案申请和收发货单备案申请，海关内网通过对企业申报数据进行备案、审批、审核、登记、处理，来实现对外发加工的监管。

深加工结转子系统主要单证包括。

（1）结转申报表：加工贸易企业开展结转的转入、转出企业应当向各自主管海关申报结转计划，申报表即记录结转企业转出、转入计划。一份结转申报表只能对应一个转出企业和一个转入企业；一份结转申报表只能对应转出企业一本加工贸易手册（包括联网监管电子账册、电子手册，以下简称“手册/账册”），但可对应转入企业多本手册/账册。

（2）收发货单：收发货是经转出、转入企业双方主管海关审核通过的结转申报表建立后，转出、转入企业在生产中实际发货、收货的行为。

收发货单是转出、转入企业在双方主管海关审核通过的结转申报表建立后，记录每次发货、收货详细情况的单据。包含收发货时间、收发货物的明细信息等。

（3）退货单：收货企业在收发货行为完成后，可以将收到的货物部分或全部退回给发货企业，称为退货。退货企业（原收货方）须向海关申报退货单，海关审批通过，收退货（原发货方）企业验货完毕向海关申报收货单，海关审批通过后，视为退货成功。

退货单是记录退货企业（原收货方）退货、收退货企业（原发货方）收货详细情况的单据。它包含退货、收退货时间，退货企业发出、收退货企业收到货物的明细信息等。

六、出口加工区子系统

（一）功能简介

出口加工区子系统主要实现出口加工区电子账册的备案、变更，物流账册的备案、变更以及数据报核。出口加工区电子账册包括加工账册（H账册）和设备账册（HD账册）。

系统功能结构，如图5－53所示。

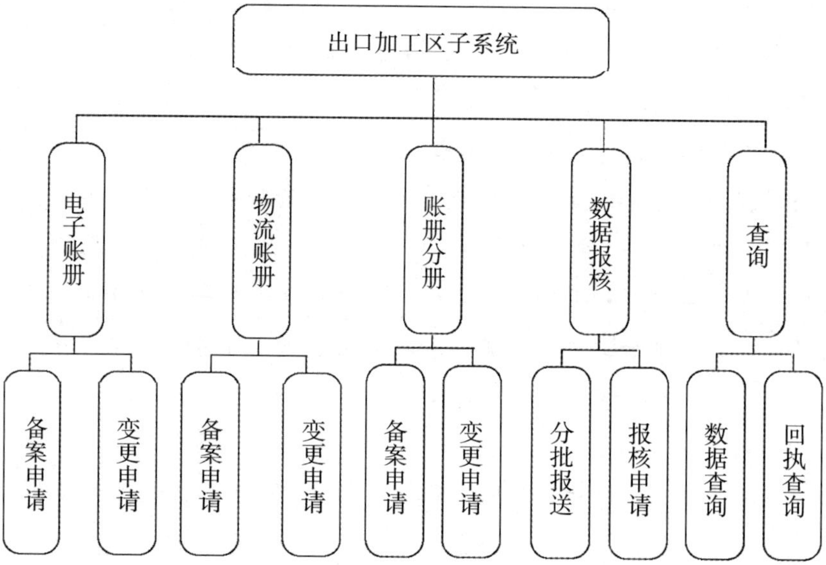

图5－53

系统功能界面，如图5－54所示。

（二）业务流程

出口加工区子系统操作流程，如图5－55所示。

权威发布 2000年6月，国务院正式下发《中华人民共和国海关对于出口加工区监管暂行办法》，在北京、深圳、天津等地设立了15个出口加工

QuickPass4.0-3100000041920-宁波关区
电子账册(1)
物流账册(2)
账册分册(3)
数据报核(4)
查询(5)
功能选择(6)
QUICKPASS

图 5 – 54

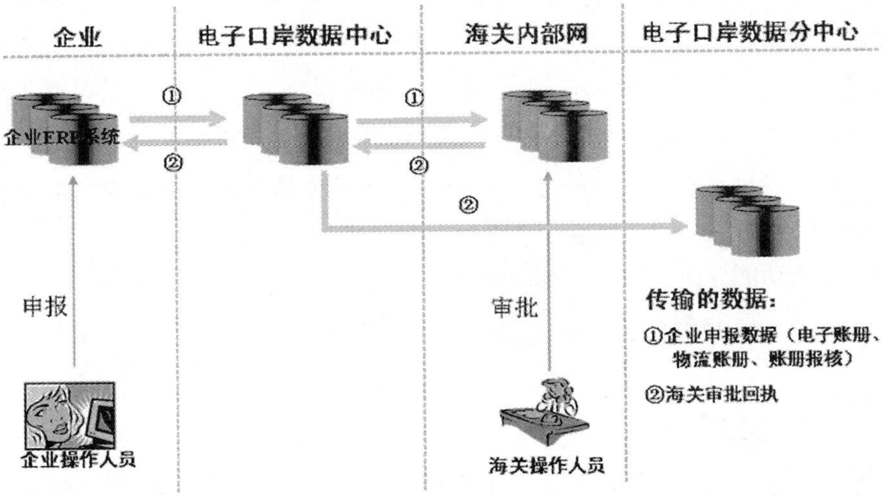
企业
电子口岸数据中心
海关内部网
电子口岸数据分中心
企业ERP系统
①
②
申报
企业操作人员
审批
海关操作人员
传输的数据：
①企业申报数据（电子账册、物流账册、账册报核）
②海关审批回执

图 5 – 55

区试点。出口加工区是指在一个地区为从事出口加工为主的企业划出一块专门的区域，凡是进入出口加工区内的加工企业在购买国内生产设备和原材料时，这些设备和原材料均可以视同出口，享受有关出口退税政策。

出口加工区子系统实现了海关对出口加工企业加工货物、进出区的设备及特殊监管区域物流货物的监管。

权威解读 出口加工区子系统主要包括出口加工区电子账册、物流账册和账册报核。

（1）电子账册：出口加工区加工企业按海关监管要求在实际进出口通关前对所加工生产的料件、加工后的成品、成品与料件之间的耗用关系进行备案。电子账册备案数据审批通过后，企业才可按备案数据进行通关操作。包括账册基本信息、料件、成品、单耗表。

（2）物流账册：特殊监管区域［保税港区、综合保税区、出口加工区、跨境工业区（珠海园区）］内从事保税物流业务的企业按海关监管要求在实际进出口通关前进行物流账册的备案，电子账册备案审批通过后，企业才可进行通关操作，包括账册基本信息。

（3）账册报核：账册报核实际只是一个数据核对的过程，电子账册系统在报核时不需要所有的料件都已生产成成品并出口，而是根据海关要求分时段报核（一般为半年），称之为“滚动核销”。账册报核是利用报关单中的原始进出口数据与电子账册中实际的料件和成品的余量进行比对，若不一致，就需要企业给出解释，或到企业生产现场核查。账册报核分为分批报送、预报核、正式报核。

七、保税物流申报子系统

（一）功能简介

保税物流中心、保税仓库、出口监管仓库等保税监管场所是现代物流业发展的重要载体，是海关保税监管工作的重要内容。随着保税物流业的快速发展，各类保税监管场所今后将陆续增加，业务量将不断增长，功能也将不断整合及拓展升级，对海关的管理提出了更高要求。为了构建统一的保税场所管理系统，整合监管资源和技术资源，提高海关监管效能，促进海关统一执法、规范管理，电子口岸以现有的保税仓库管理系统为基础，综合考虑保税物流中心、出口监管仓库的业务特点和监管特性，按照整合、优化、统一的思路，通过对原有保税仓库管理系统功能进行优化、拓展和升级，开发了保税物流管理系统。

保税物流管理系统能够实现账册的录入、申报及查询，核增/核扣表的新增、录入、修改、删除、查询、生成报关单等功能。仓储企业在货物入仓时填写核增表，出仓时填写核扣表，实现申报数据的规范管理。

系统功能模块，如图5－56所示。

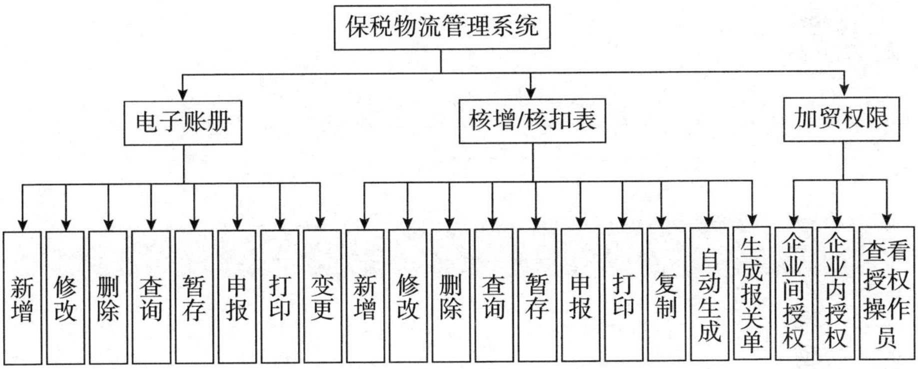

图5－56

电子账册备案界面，如图5－57所示。

电子账册查询界面，如图5－58所示。

核增/核扣表录入/申报界面，如图5－59所示。

核增/核扣表查询界面，如图5－60所示。

（二）业务流程

以保税仓库、出口监管仓库及保税物流中心内仓储企业为单元设立电子账册，同时以每票货物出入仓时所申报的进出口货物报关单为单元记录进出仓货物有关情况（具体核扣由报关单对应的核增/核扣表完成），分为账册备案、账册变更管理。

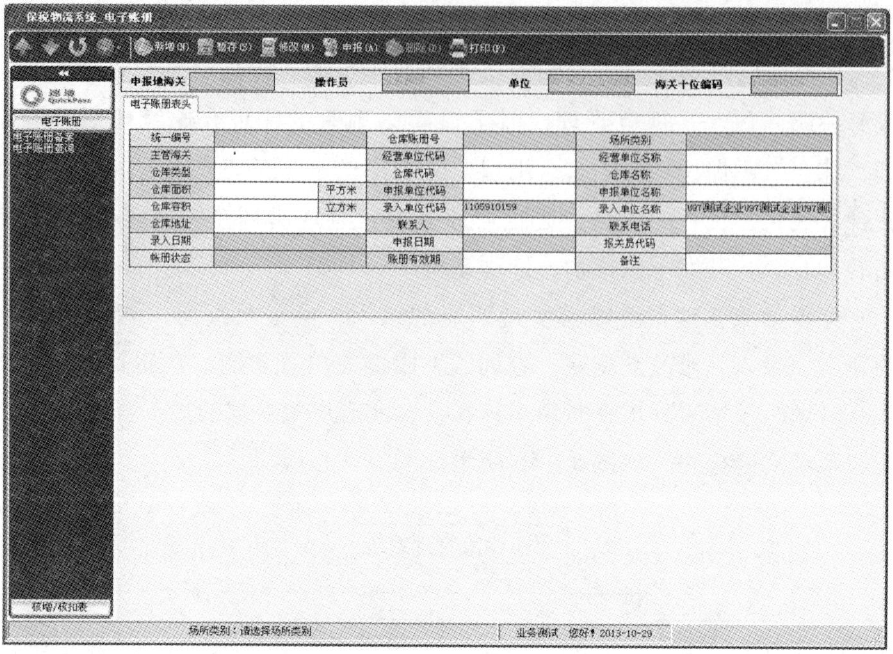
保税物流系统_电子账册
新增(N)
暂存(S)
修改(M)
申报(A)
删除(D)
打印(P)
申报地海关
操作员
单位
海关十位编码
电子账册
电子账册备案
电子账册查询
电子账册表头
统一编号
仓库账册号
场所类别
主管海关
经营单位代码
经营单位名称
仓库类型
仓库代码
仓库名称
仓库面积
平方米
申报单位代码
申报单位名称
仓库容积
立方米
录入单位代码
1105910159
录入单位名称
U97测试企业U97测试企业U97测试
仓库地址
联系人
联系电话
录入日期
申报日期
报关员代码
帐册状态
账册有效期
备注
核增/核扣表
场所类别：请选择场所类别
业务测试　您好！2013-10-29

图 5－57

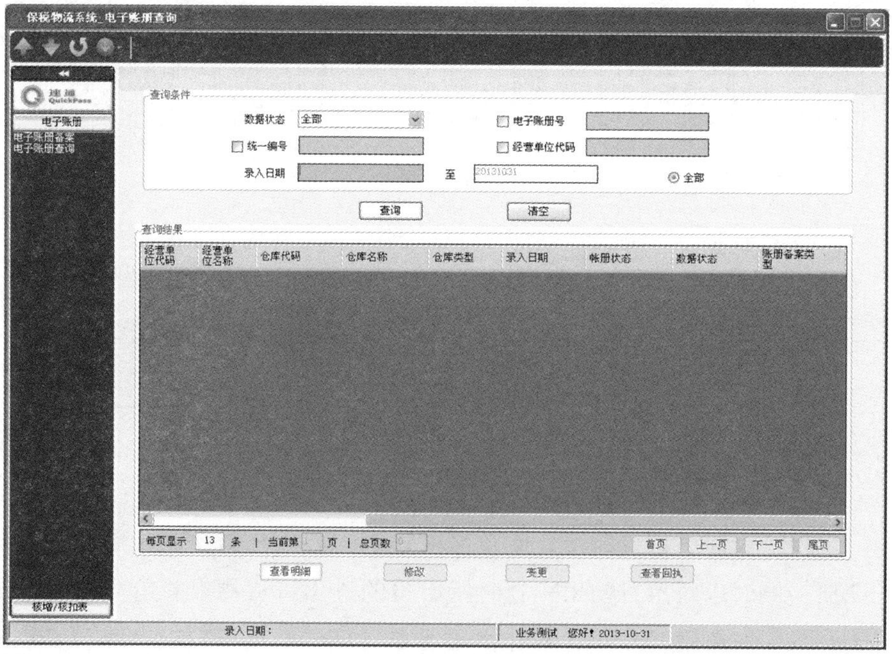
保税物流系统_电子账册查询
电子账册
电子账册备案
电子账册查询
查询条件
数据状态
全部
电子账册号
统一编号
经营单位代码
录入日期
至
20131031
全部
查询
清空
查询结果
经营单位代码
经营单位名称
仓库代码
仓库名称
仓库类型
录入日期
帐册状态
数据状态
账册备案类型
每页显示
13
条
当前第
页
总页数
首页
上一页
下一页
尾页
查看明细
修改
变更
查看回执
核增/核扣表
录入日期：
业务测试　您好！2013-10-31

图 5－58

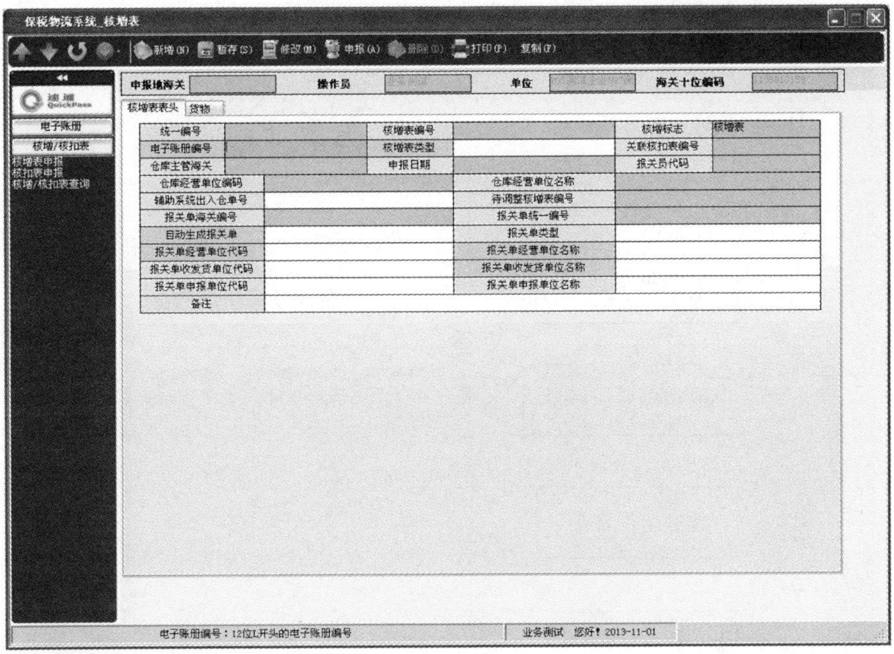

保税物流系统_核增表
新增(N) 暂存(S) 修改(M) 申报(A) 删除(D) 打印(P) 复制(F)
电子账册
核增/核扣表
核增表申报
核扣表申报
核增/核扣表查询
申报地海关
操作员
单位
海关十位编码
核增表表头
货物
统一编号
核增表编号
核增标志
核增表
电子账册编号
核增表类型
关联核扣表编号
仓库主管海关
申报日期
报关员代码
仓库经营单位编码
仓库经营单位名称
辅助系统出入仓单号
待调整核增表编号
报关单海关编号
报关单统一编号
自动生成报关单
报关单类型
报关单经营单位代码
报关单经营单位名称
报关单收发货单位代码
报关单收发货单位名称
报关单申报单位代码
报关单申报单位名称
备注
电子账册编号：12位L开头的电子账册编号
业务测试　您好！2013-11-01

图 5－59

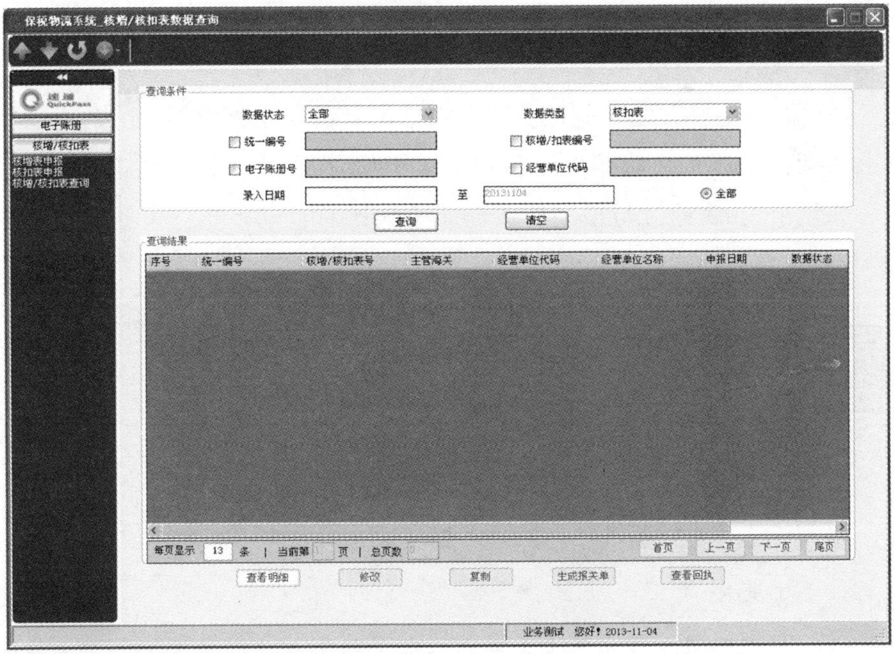

保税物流系统_核增/核扣表数据查询
电子账册
核增/核扣表
核增表申报
核扣表申报
核增/核扣表查询
查询条件
数据状态
全部
数据类型
核扣表
统一编号
核增/扣表编号
电子账册号
经营单位代码
录入日期
至
20131104
全部
查询
清空
查询结果
序号
统一编号
核增/核扣表号
主管海关
经营单位代码
经营单位名称
申报日期
数据状态
每页显示
13
条
当前第
页
总页数
首页
上一页
下一页
尾页
查看明细
修改
复制
生成报关单
查看回执
业务测试　您好！2013-11-04

图 5－60

电子账册备案流程如图 5－61 所示。

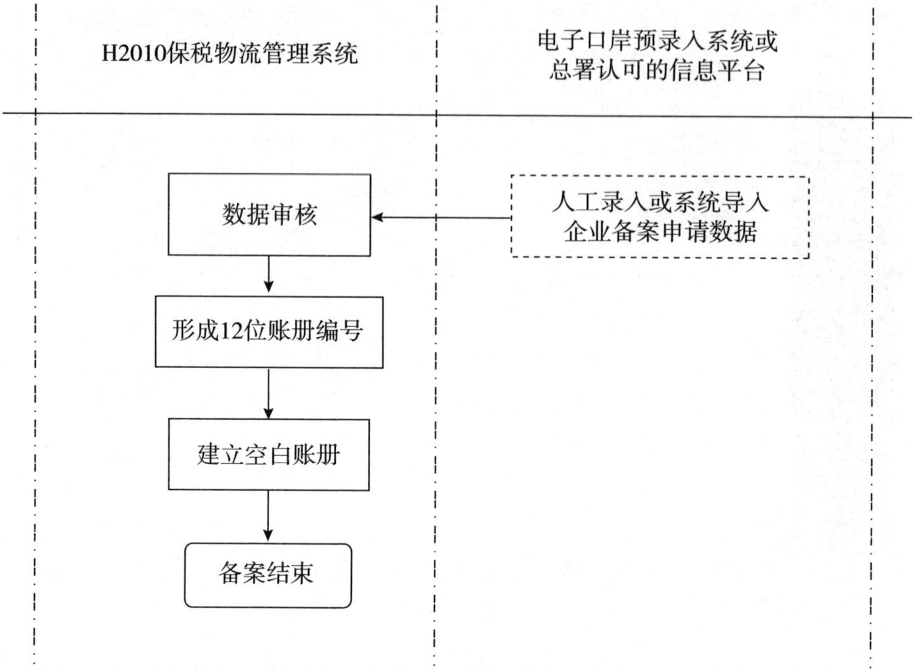

图 5－61

货物进出总体流程：仓储企业货物进出仓需申报核增/核扣表，核增/核扣表数据可用于生成报关单。报关单申报等现有操作流程基本保持不变。核增/核扣表通过与报关单数据的关联比对自动审核。审核通过的核增/核扣表自动核增核扣企业电子账册。

核增/核扣表管理功能包括核增/核扣表审核、修改、删除、补核扣、回执补发送等方面。

核增/核扣表通关流程如图 5－62 所示。

小贴士 （1）保税物流管理系统报关单可由核增/核扣表自动生成，也可以手工录入。

（2）保税物流管理系统报关单表头电子账册号，需要校验代理企业是否有代理报关权，代理预录入企业代理录入时请先做好授权工作（授权操

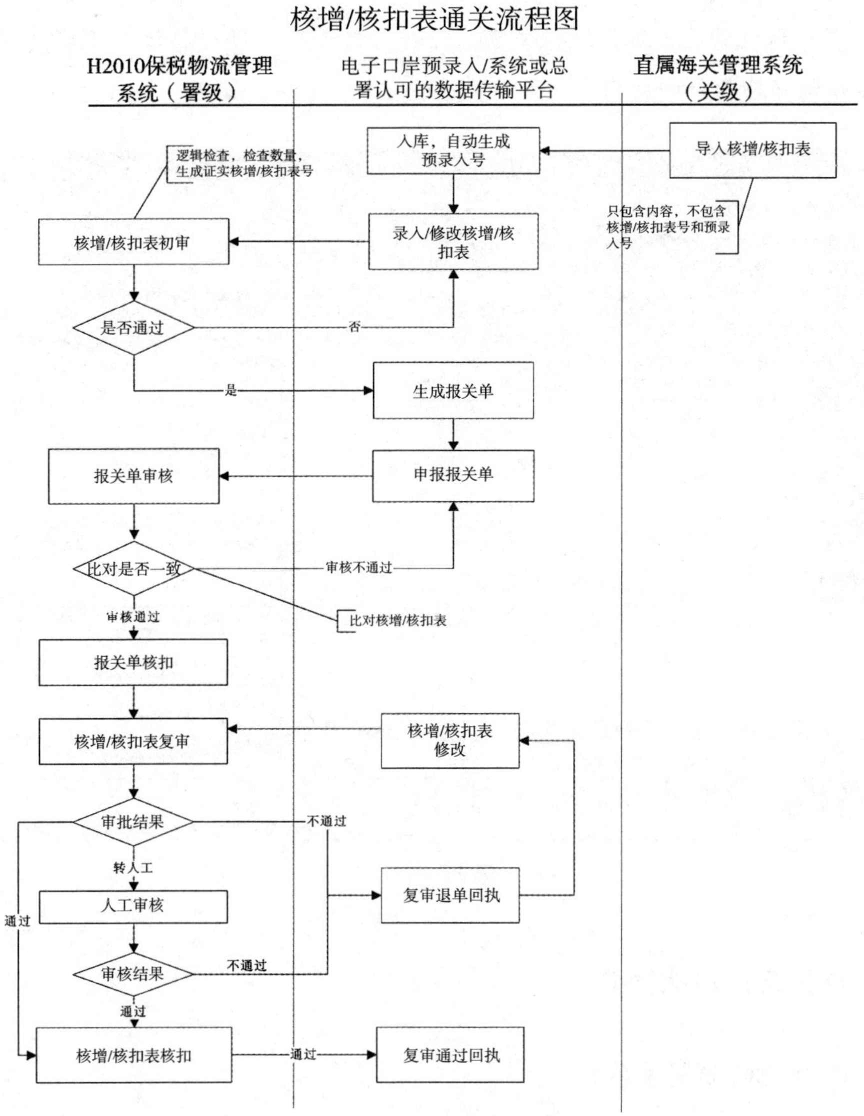

图 5－62

作需企业法人卡登录预录入改进版进行）。

（3）保税物流管理系统报关单商品表体，与相应的核增/核扣表表体数据一一对应。

（4）保税物流管理系统报关单，随附单证填写 h，号码填写报关单对应核增/核扣表号。

（5）保税物流管理系统报关单，关联备案号填写保税物流电子账册编号。报关单填制界面如图5－63所示。

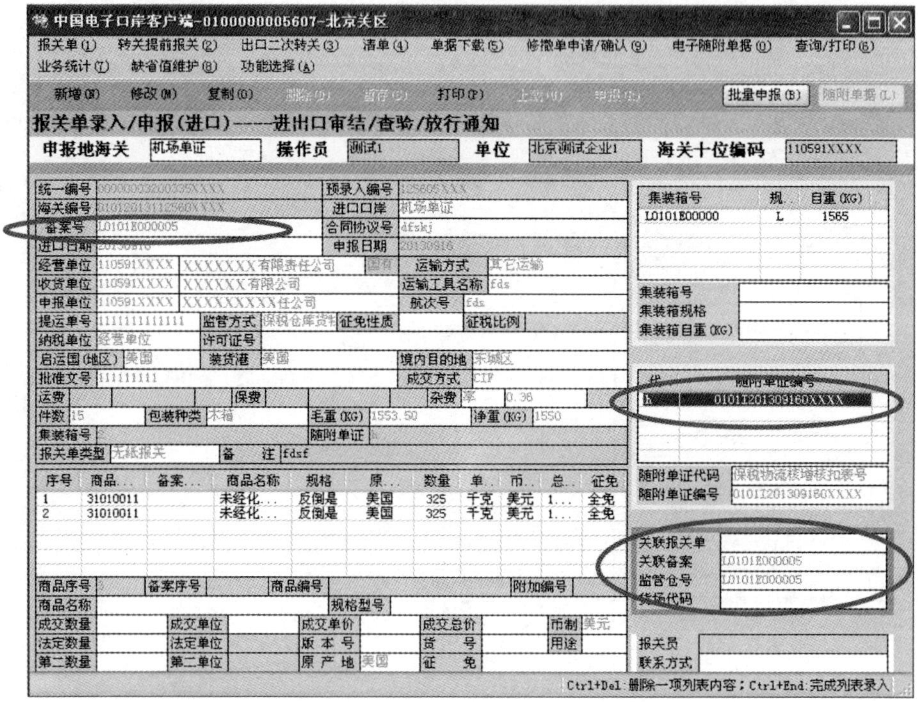

图5－63

八、其他功能简介

（一）加工贸易子系统

为贯彻落实《加工贸易和保税监管改革指导方案》，规范加工贸易企业进出口行为和加工秩序，建立公平竞争的加工贸易和生产环境，受海关总署委托，中国电子口岸数据中心开发了加工贸易子系统。

通过加工贸易子系统，企业或报关行向海关进行纸质手册申请、手册变更、分册申请、分册变更、核销等工作。同时还可利用“查询”功能，进行手册、分册内容，回执及数据查询，系统功能如下。

（1）手册备案/变更：以合同为单元进行来料及进料加工等业务的企业，应将本企业用于生产加工的料件、加工后的成品等预先向海关备案。主要包括表头（企业及合同基本信息）、表体（料件、成品和单损耗）的备案。

（2）分册备案/变更：分为报关分册和结转分册。对于要在非主管海关报关的或要从事深加工结转业务的加工贸易企业，需向报关口岸或结转口岸申报分册数据。分册数据主要包括表头、表体数据，分册数据可以是全部或部分主册数据。

（3）手册核销：在手册有效期限内，企业需要向海关报送核销数据，即手册中料件的实际进口数量、结转数量、边角料及余料等数量。

（4）数据下载：提供加工贸易企业或报关行将手册备案数据从数据中心下载到本地数据库的功能。

系统功能界面，如图 5－64 所示。

图 5－64

该系统的操作流程如下。

（1）加工贸易企业在电子口岸的加工贸易系统中录入手册备案各项，录完后单击“申报”按钮，即实现向海关进行手册备案申报，收到入库成功回执后等待海关审核。

（2）海关审批通过后，分别给出手册备案的“手册编号”，由系统自动返填到手册备案中的“手册编号”项中。

（3）若企业要进行异地报关，则在手册备案的基础上，再进行分册备案，否则进入第六步。其后，企业再录入分册备案各项。分册备案中的“手册编号”即为手册备案中的“手册编号”。录完后点击“申报”按钮，即实现向海关进行分册备案申报，收到入库成功回执后等待海关审核。

（4）海关审批同意后，给出的“分册编号”，由系统自动返填到分册备案的“分册编号”一项中。

（5）手册或分册的备案完成后，企业进入报关申报系统，在报关单的“备案号”一项中填入海关给定的手册编号或分册编号（若为本地报关填手册编号，若为异地报关则填分册编号），即可调出相应的手册或分册数据。随后，企业继续填写完剩余各项。

（6）企业继续填写报关单中的剩余各项后，即可生成完整的报关单，向海关进行申报。

（7）企业的报关单申报完成后，通过加工贸易系统的报核申请功能，定期向海关进行数据报核。报核申请中的“手册编号”和“企业内部编号”即为手册备案中的“手册编号”和“企业内部编号”。

小贴士 目前，各关区已推广使用无纸化手册，纸质手册已停止审批，此系统主要用于已审批纸质手册的变更和核销。

（二）保证金台账子系统

保证金台账子系统可实现台账联系单的查询。它包括新开设的联系单、变更联系单、正常核销联系单、停账挂账联系单的明细数据及状态信息查询。

企业正常申报无纸化通关手册后，海关会依据相关规定开设保证金台账。企业在查询通关手册审批通过后，即可进入“保证金台账”子系统进行银行保证金台账联系单及银行通知单的查询等操作。

该系统以电子化手册为载体，以中国电子口岸数据交换平台为依托，实现海关总署与中国工商银行、中国银行对保税加工业务的“齐抓共管、综合治理”。

系统功能界面，如图 5－65 所示。

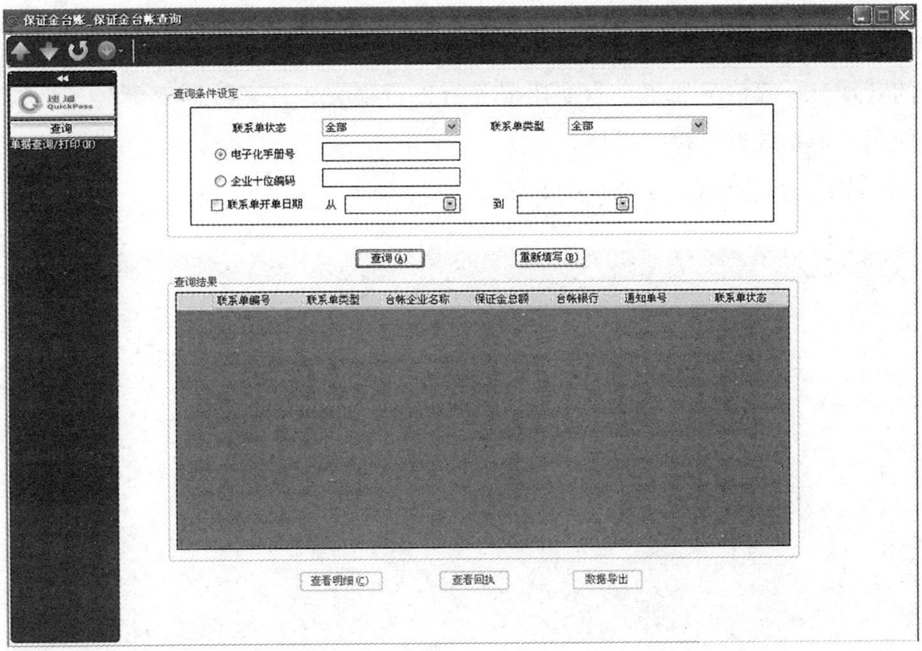

图 5－65

小贴士　企业在无纸化手册录入或导入时需选择缴纳台账的银行，并按照正常手续办理手册备案。海关审核通过后，如果该手册需缴纳保证金台账，海关 H2010 系统自动将该企业有关保证金台账数据反馈到电子口岸数据中心，数据中心将台账数据转发至对应的银行，企业才可以通过此系统查询。

核销联系单（99 单），是指电子化手册核销海关结案后，需关闭的保证金台账账户，海关审批系统将台账关闭数据通过中国电子口岸数据中心向电子化手册表头中指定的银行发送，企业可查询保证金台账数据及海关、银行处理回执。

挂账停账联系单（77单），是指电子化手册不能正常核销时，海关审批系统将挂账停账联系单数据，通过中国电子口岸数据中心向电子化手册表头中指定的银行发送，企业可查询保证金台账数据及海关、银行处理回执。

（三）加贸权限管理子系统

加贸权限管理子系统可以实现电子手册、电子账册及无纸化手册权限的管理。一般情况加工企业委托报关行进行报关、备案数据变更时，必须使用该子系统进行授权操作。

系统功能界面，如图5－66所示。

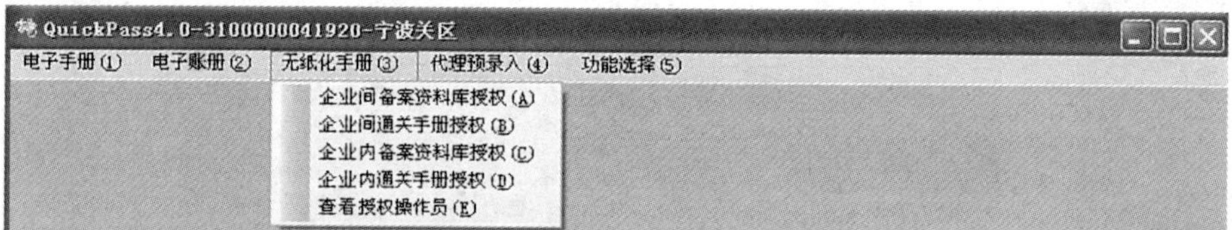

图5－66

加贸权限管理子系统包括以下几个功能。

（1）电子手册包含企业间物料授权、企业间手册授权、企业内物料授权、企业内手册授权，查看授权操作员。

（2）电子账册包含企业间账册授权、企业内账册授权，查看授权操作员。

（3）无纸化手册包含企业间备案资料库授权、企业内备案资料库授权、企业间通关手册授权、企业内通关手册授权，查看授权操作员。

（4）代理预录入包含企业间代理预录入授权、企业内代理预录入授权，查看授权操作员。

加贸权限管理子系统操作流程，如图 5－67 所示。

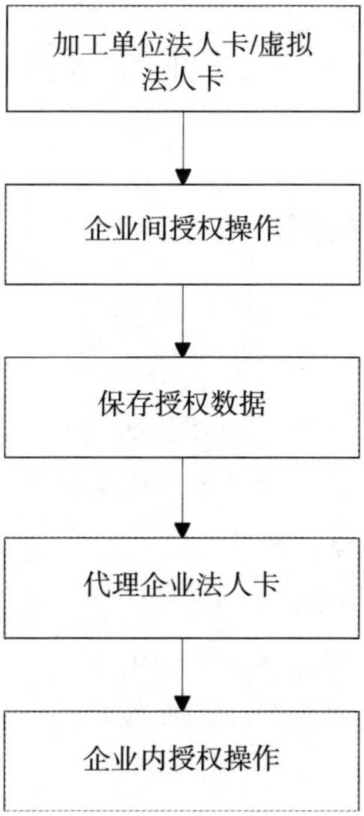

图 5－67

首先通过加工企业的法人卡或虚拟法人卡，进入系统进行企业间授权操作，再用代理企业的法人卡进入系统进行企业内授权操作。

小贴士 授权操作必须使用法人卡，如果加工单位没有自营进出口权，无企业法人卡，可以通过经营单位向当地数据分中心申请制作虚拟法人卡。

系统背景 加贸权限管理子系统是电子口岸预录入系统的一个子系统。在无纸化手册、电子账册等系统不断推广、使用过程中，系统权限问题显得越来越重要，尤其是某些关区的加工贸易企业组织结构关系复杂，存在一个经营单位对应多家加工单位的情况。另外，在全国范围内委托报关、异地报关等业务也普遍存在，因此开发加工贸易系统的身份认证管理模块十分必要。加工贸易身份认证管理涵盖电子账册、无纸化手册、电子手册和深加工结转管理子系统等。

第四节　企业管理类系统

企业管理（新）子系统

（一）功能简介

企业管理（新）子系统提供企业注册登记、报关企业行政许可、企业分类管理、报关员注册登记、查询统计功能。

系统功能模块，如图 5 –68 所示。

企业管理（新）子系统主界面，如图 5 –69 所示。

企业注册登记申请界面，如图 5 –70 所示。

企业信息查询界面，如图 5 –71 所示。

小贴士 企业初次注册登记必须通过代理企业进行录入、申报。企业注册信息的变更等可以通过中国电子口岸海关企业管理网上办事平台办理。

中国电子口岸海关企业管理网上办事平台，作为企业的互联网作业门户，可动态掌握企业自身在海关的注册信息，便于及时办理相关变更、延续、换证、分类业务，向海关报送文件资料。同时海关可以通过系统向企业发布公告、通知，接受企业业务咨询，实现关企良好沟通互动。

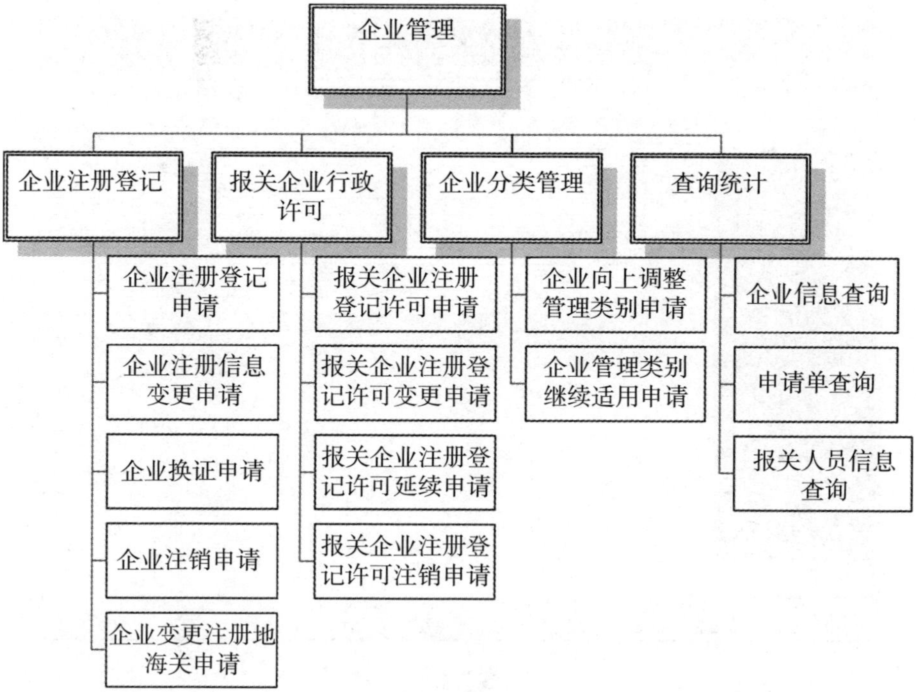
企业管理
企业注册登记
报关企业行政许可
企业分类管理
查询统计
企业注册登记申请
企业注册信息变更申请
企业换证申请
企业注销申请
企业变更注册地海关申请
报关企业注册登记许可申请
报关企业注册登记许可变更申请
报关企业注册登记许可延续申请
报关企业注册登记许可注销申请
企业向上调整管理类别申请
企业管理类别继续适用申请
企业信息查询
申请单查询
报关人员信息查询

图 5－68

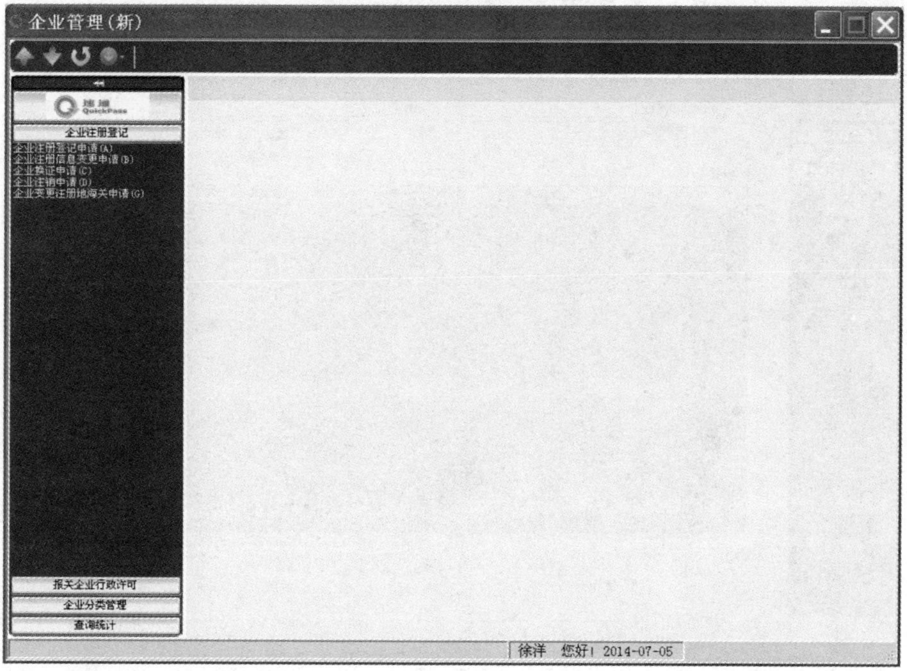
企业管理(新)
企业注册登记
企业注册登记申请(A)
企业注册信息变更申请(B)
企业换证申请(C)
企业注销申请(D)
企业变更注册地海关申请(G)
报关企业行政许可
企业分类管理
查询统计
徐洋 您好! 2014-07-05

图 5－69

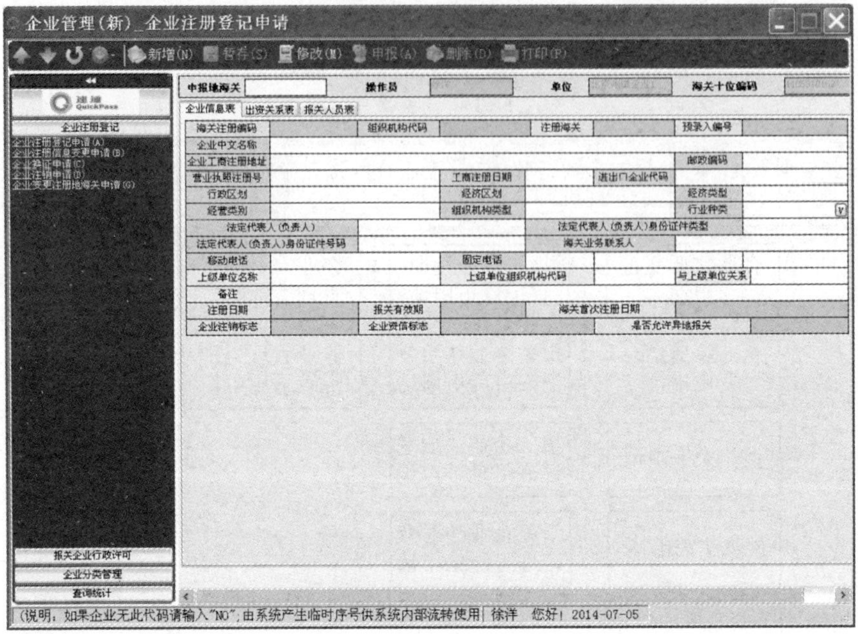

企业管理（新）_企业注册登记申请
新增(N) 暂存(S) 修改(M) 申报(A) 删除(D) 打印(P)
企业注册登记
企业注册登记申请(A)
企业注册信息变更申请(B)
企业换证申请(C)
企业注销申请(D)
企业变更注册地海关申请(G)
报关企业行政许可
企业分类管理
查询统计
申报地海关
操作员
单位
海关十位编码
企业信息表
出资关系表
报关人员表
海关注册编码
组织机构代码
注册海关
预录入编号
企业中文名称
企业工商注册地址
邮政编码
营业执照注册号
工商注册日期
进出口企业代码
行政区划
经济区划
经济类型
经营类别
组织机构类型
行业种类
法定代表人（负责人）
法定代表人（负责人）身份证件类型
法定代表人（负责人）身份证件号码
海关业务联系人
移动电话
固定电话
上级单位名称
上级单位组织机构代码
与上级单位关系
备注
注册日期
报关有效期
海关首次注册日期
企业注销标志
企业资信标志
是否允许异地报关
（说明：如果企业无此代码请输入"NO"，由系统产生临时序号供系统内部流转使用）
徐洋 您好！2014-07-05

图 5-70

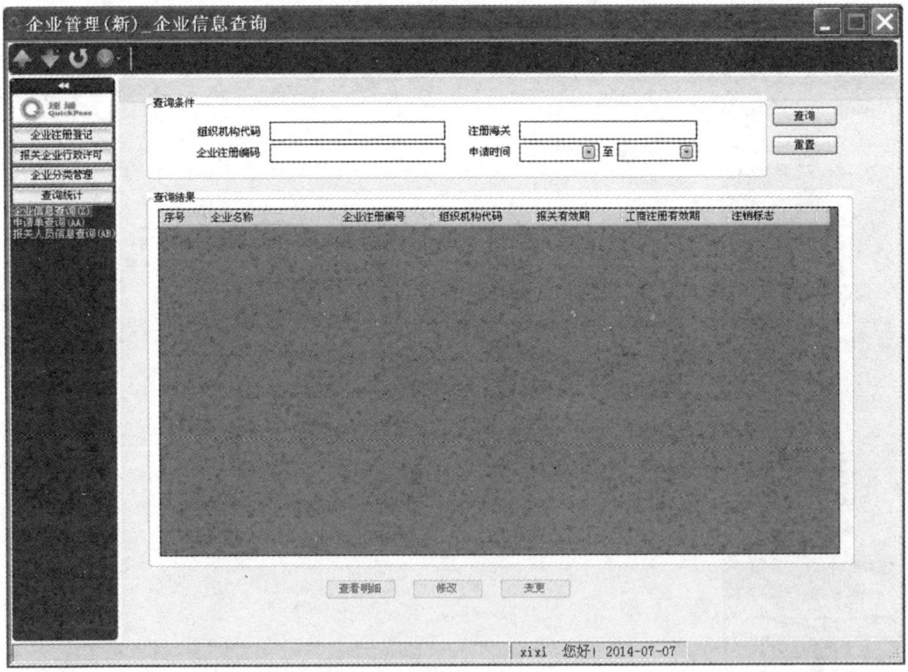

企业管理（新）_企业信息查询
企业注册登记
报关企业行政许可
企业分类管理
查询统计
企业信息查询(Z)
申请单查询(AA)
报关人员信息查询(AB)
查询条件
组织机构代码
注册海关
企业注册编码
申请时间
至
查询
重置
查询结果
序号
企业名称
企业注册编号
组织机构代码
报关有效期
工商注册有效期
注销标志
查看明细
修改
变更
xixi 您好！2014-07-07

图 5-71

企业可以通过中国电子口岸首页，海关企业管理网上办事平台链接登录平台。

中国电子口岸海关企业管理网上办事平台登录界面，如图5－72所示。

中国电子口岸海关企业管理网上办事平台主界面，如图5－73所示。

图5－72

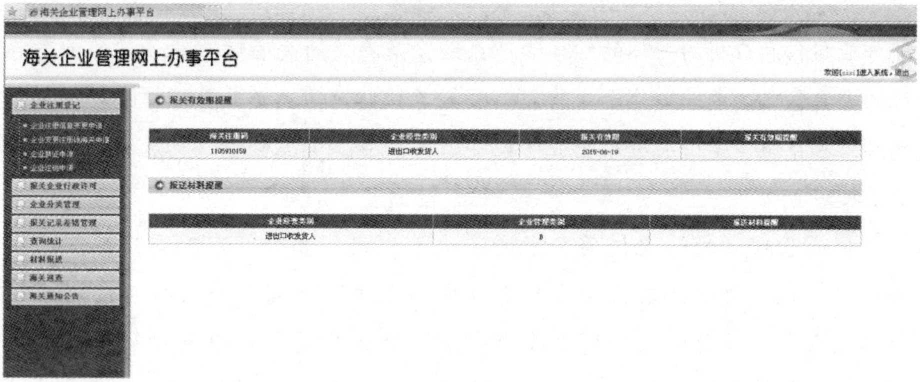

图5－73

（二）业务流程

企业管理（新）子系统操作流程，如图 5－74 所示。

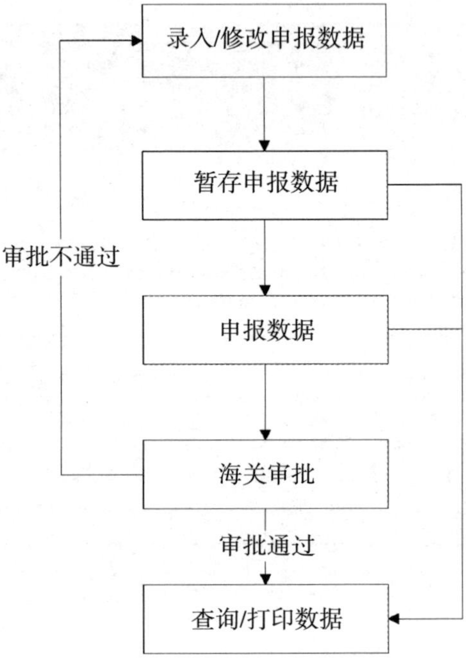

图 5－74

权威发布 海关企业管理作业系统，是以企业为单元构筑集海关企业管理作业与信息分析为一体的综合管理系统，是海关通关管理系统等其他业务系统的重要基础。电子口岸企业管理（新）系统作为海关企业管理作业系统的前端预录入系统，是海关开展企业管理、通关作业、实际监管以及后续管理的必要前提。

企业管理（新）系统将分散的多个系统进行整合，实现统一界面、统一授权、统一登录，企业通过电子口岸企业管理（新）系统，可实现足不出户完成企业注册登记、行政许可申请、企业分类管理申请以及查询海关审批结果等操作，彻底改变了企业多次往返海关递交材料的作业模式，给企业带来极大的便利。在方便企业的同时，也协助海关规范企业管理作业流程，提高工作效率，防范执法风险，更好地为全国海关企业管理人员及60万家注册企业提供服务。

第五节　物流监管类系统

一、新舱单子系统

（一）功能简介

新舱单子系统面向企业提供舱单管理办法中要求的全部单证的录入申报和传输功能，运输企业及其代理企业可通过该系统向海关申报原始/预配舱单、装载舱单、分拨申请、落装、改配申请、空箱调运申请等，在需要对舱单数据进行变更或删除时发送变更申请和删除申请，对其他数据需要删除时发送删除申请；监管场所经营人可以通过该系统向海关申报运抵报告、分流申请及其删除申请；理货部门可以通过该系统向海关申报理货报告及其删除申请。

新舱单子系统主界面，如图5－75所示。

海运原始舱单录入界面，如图5－76所示。

小贴士　电子口岸预录入系统中仍保留原舱单申报子系统，舱单申报子系统是针对报关企业的特殊要求而开发的，该系统主要包括空运舱单、海运舱单、邮运舱单、铁路舱单四个子系统。主要实现一般舱单和便捷舱单的录入、申报，舱单的分票，舱单的理货，分拨单的申报，舱单数据以及海关回执的查询等。

通过该系统，企业可以方便、快捷地进行舱单申报、分拨单申报、舱单分票、相关数据查询等工作，从而有效提高报关企业的工作效率。

舱单申报子系统功能界面，如图5－77所示。

图 5 – 75

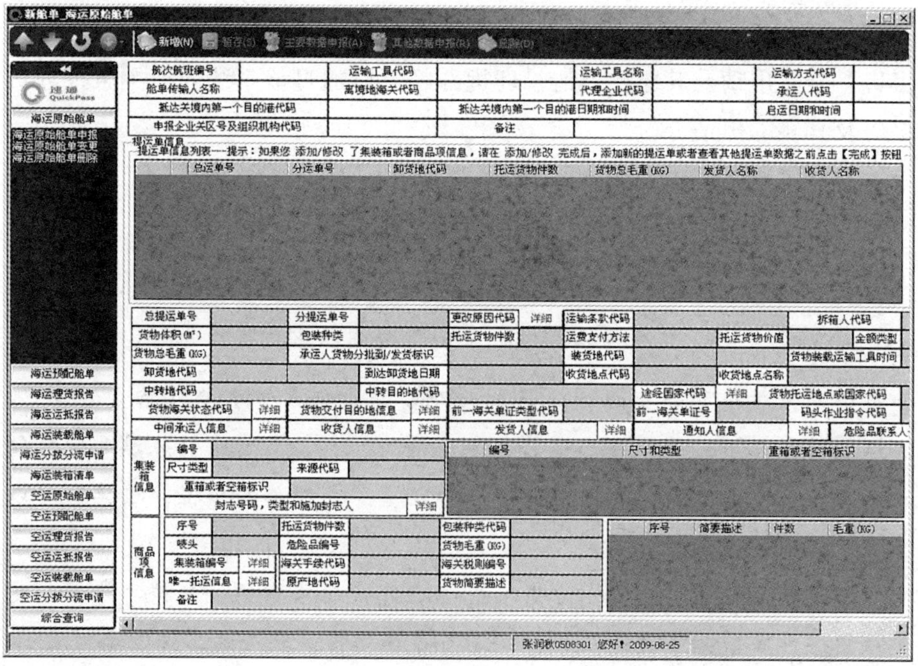

图 5 – 76

图 5 –77

（二）业务流程

出口数据流程，如图 5 –78 所示。

进口数据流程，如图 5 –79 所示。

权威发布 进出口舱单是记录进出口货物流动的基础数据，是海关对进出口货物实施监管的有效依据。就之前的旧舱单系统而言，无论是系统功能、信息内容都不够完善、统一，而且也尚未建立起全国统一的计算机系统，不能准确反映海关监管货物流动和滞留状态，达不到海关物流跟踪、监控的目的。基于以上实际情况，海关需要对全国的舱单数据进行统一规范的管理，建立一个以国际标准格式舱单数据为基础的进出口舱单管理系统，实现进出口舱单及相关单证的企业规范化申报，实现海关接收、审核、审单核注、放行核销等一系列业务管理过程的电子化，整合进出口物流链信息，建立舱单的风险分析体系，提高监管水平。为此，海关在总

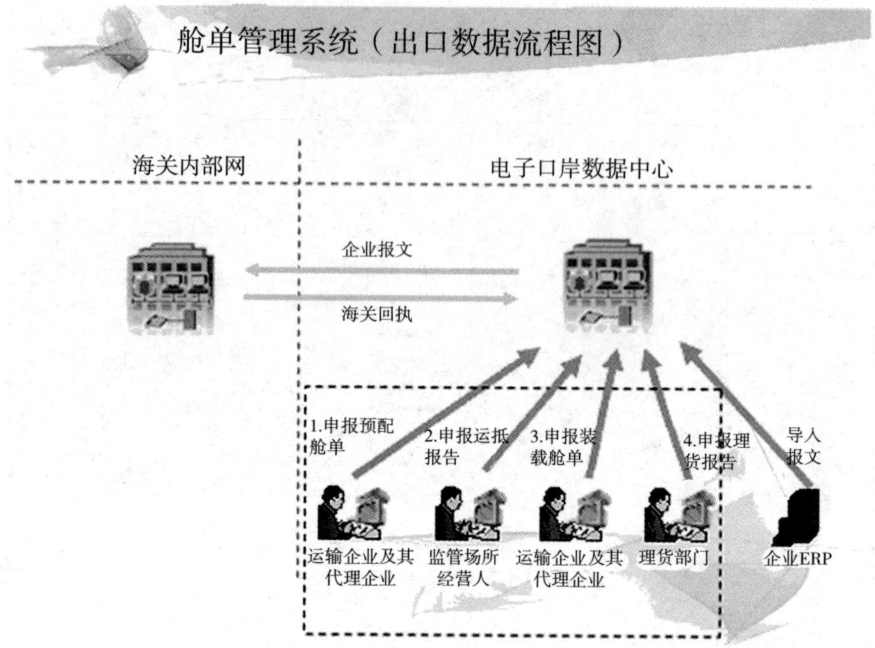
舱单管理系统（出口数据流程图）
海关内部网
电子口岸数据中心
企业报文
海关回执
1.申报预配舱单
2.申报运抵报告
3.申报装载舱单
4.申报理货报告
导入报文
运输企业及其代理企业
监管场所经营人
运输企业及其代理企业
理货部门
企业ERP

图 5－78

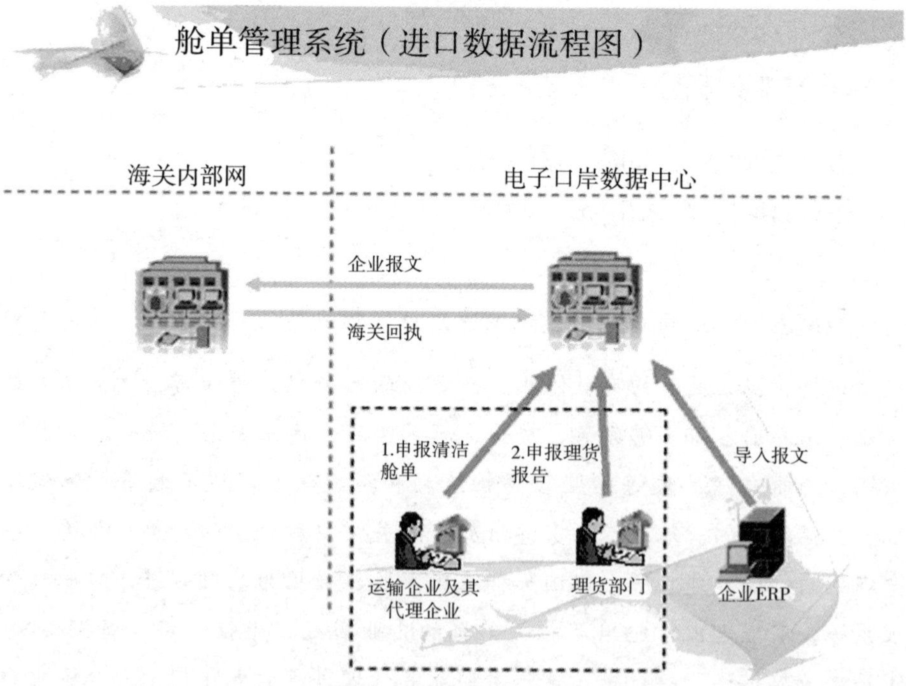
舱单管理系统（进口数据流程图）
海关内部网
电子口岸数据中心
企业报文
海关回执
1.申报清洁舱单
2.申报理货报告
导入报文
运输企业及其代理企业
理货部门
企业ERP

图 5－79

署172号令中明确规定了进出境运输工具的舱单管理办法，并组织开发全国统一的舱单管理系统。电子口岸作为项目实施方之一，开发了面向企业的海/空运舱单企业申报系统，为海/空运领域相关企业提供舱单及相关单证的录入申报服务。

新舱单系统以通关舱单作为物流监控的主线，整合了运输工具动态申报，舱单核注核销，货物堆存、移动、分流、分拨、放行、进出卡口等整个物流链的信息，从而建立了以国际标准格式数据为基础的进出口舱单管理系统。实现了电子口岸、船代、货代、码头、堆场和地方海关之间的数据传输。

权威解读 新舱单子系统已建立了海运、空运两种运输方式下的舱单数据传输体系，主要包括海、空运原始舱单、预配舱单、运抵报告、装载舱单、装箱清单、理货报告、货物分拨分流申请、改靠港申请、直接改配申请、落货申请、落货改配申请、国际转运准单、进出口空箱调运申请等。

系统提供两种传输模式：企业可以选择在该系统提供的界面客户端中进行相关单据的录入、申报、数据查询及回执查询，也可以通过邮箱导入方式将自身生产系统中生成的报文导入并传输至海关，并接收海关的审批回执和监管指令。

二、运输工具子系统

（一）功能简介

为了配合海关总署对进出境运输工具舱单数据的规范管理，电子口岸按照一点接入的原则，开发了新舱单及运输工具子系统。运输工具子系统主要提供航空器备案、航空器动态、航空器单据申报、航空器供退货物申报、空运查询、船舶备案、船舶动态、船舶单据、供退物料、删改申请、海运查询、小型船舶备案、小型船舶动态、小型船舶单据、小型船舶供退物料、小型船舶删改申请、小型船舶查询功能。

系统功能模块，如图5－80所示。

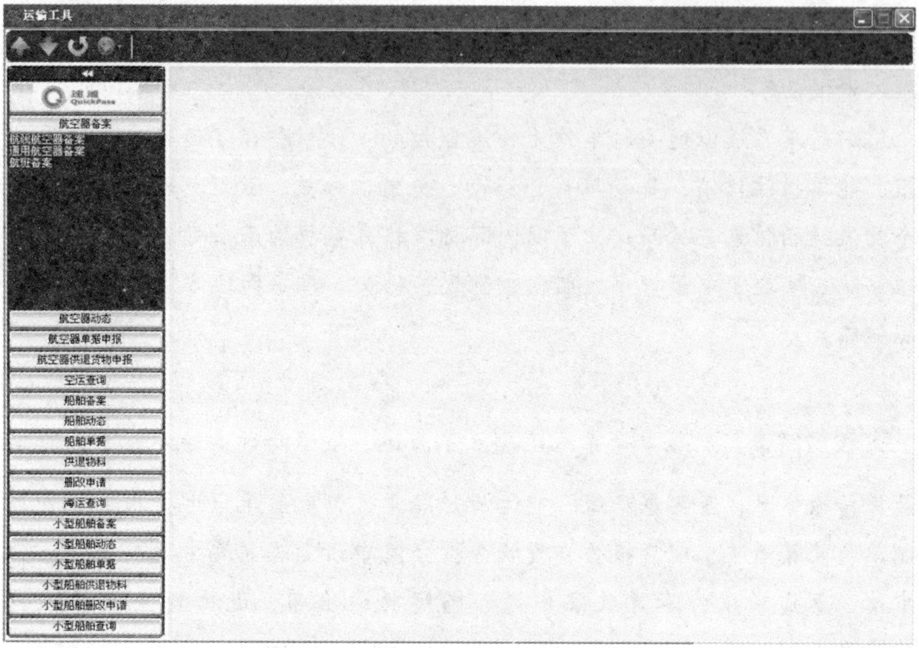

图5－80

船舶备案主界面，如图5－81所示。

船舶动态界面，如图5－82所示。

海运查询界面，如图5－83所示。

（二）业务流程

新舱单及运输工具子系统出口海运流程，如图5－84所示。

新舱单及运输工具子系统海运进口流程，如图5－85所示。

新舱单及运输工具子系统出口空运流程，如图5－86所示。

小贴士 在使用新舱单和运输工具子系统之前，企业需要先到当地海关办理备案手续，获取舱单/运输工具动态电子数据传输人资格，否则申报到海关的报文会因为传输人未备案而被做退单处理。

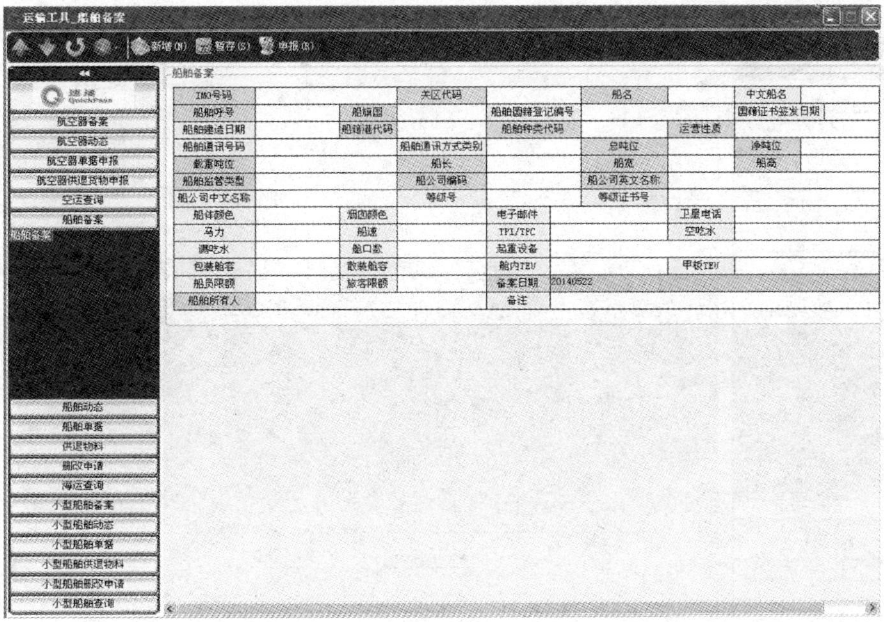
运输工具_船舶备案
新增(N)
暂存(S)
申报(R)
航空器备案
航空器动态
航空器单据申报
航空器供退货物申报
空运查询
船舶备案
船舶备案
船舶动态
船舶单据
供退物料
删改申请
海运查询
小型船舶备案
小型船舶动态
小型船舶单据
小型船舶供退物料
小型船舶删改申请
小型船舶查询
船舶备案
IMO号码
关区代码
船名
中文船名
船舶呼号
船旗国
船舶国籍登记编号
国籍证书签发日期
船舶建造日期
船籍港代码
船舶种类代码
运营性质
船舶通讯号码
船舶通讯方式类别
总吨位
净吨位
载重吨位
船长
船宽
船高
船舶监管类型
船公司编码
船公司英文名称
船公司中文名称
等级号
等级证书号
船体颜色
烟囱颜色
电子邮件
卫星电话
马力
船速
TPI/TPC
空吃水
满吃水
舱口数
起重设备
包装舱容
散装舱容
舱内TEU
甲板TEU
船员限额
旅客限额
备案日期
20140522
船舶所有人
备注

图 5 - 81

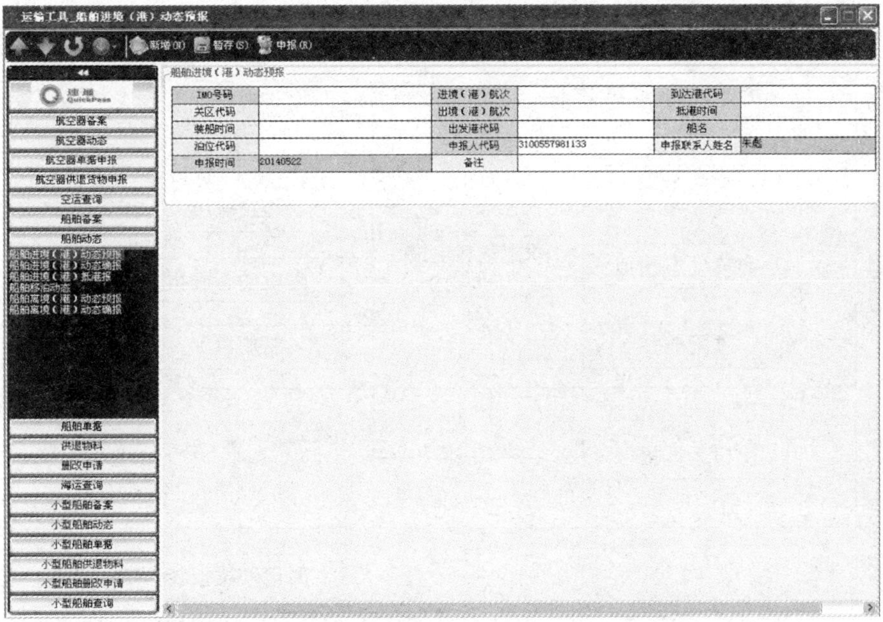
运输工具_船舶进境（港）动态预报
新增(N)
暂存(S)
申报(R)
航空器备案
航空器动态
航空器单据申报
航空器供退货物申报
空运查询
船舶备案
船舶动态
船舶进境（港）动态预报
船舶进境（港）动态确报
船舶进境（港）抵港报
船舶移泊动态
船舶离境（港）动态预报
船舶离境（港）动态确报
船舶单据
供退物料
删改申请
海运查询
小型船舶备案
小型船舶动态
小型船舶单据
小型船舶供退物料
小型船舶删改申请
小型船舶查询
船舶进境（港）动态预报
IMO号码
进境（港）航次
到达港代码
关区代码
出境（港）航次
抵港时间
装船时间
出发港代码
船名
泊位代码
申报人代码
3100557981133
申报联系人姓名
申报时间
20140522
备注

图 5 - 82

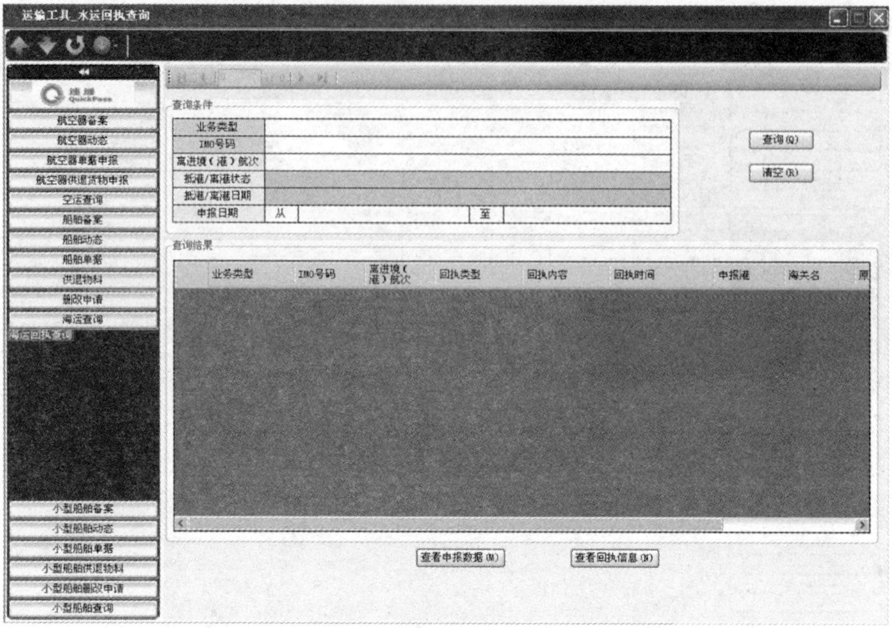
运输工具_水运回执查询
航空器备案
航空器动态
航空器单据申报
航空器供退货物申报
空运查询
船舶备案
船舶动态
船舶单据
供退物料
删改申请
海运查询
海运回执查询
小型船舶备案
小型船舶动态
小型船舶单据
小型船舶供退物料
小型船舶删改申请
小型船舶查询
查询条件
业务类型
IMO号码
离进境（港）航次
抵港/离港状态
抵港/离港日期
申报日期
从
至
查询(Q)
清空(R)
查询结果
业务类型
IMO号码
离进境（港）航次
回执类型
回执内容
回执时间
申报港
海关名
查看申报数据(M)
查看回执信息(N)

图 5－83

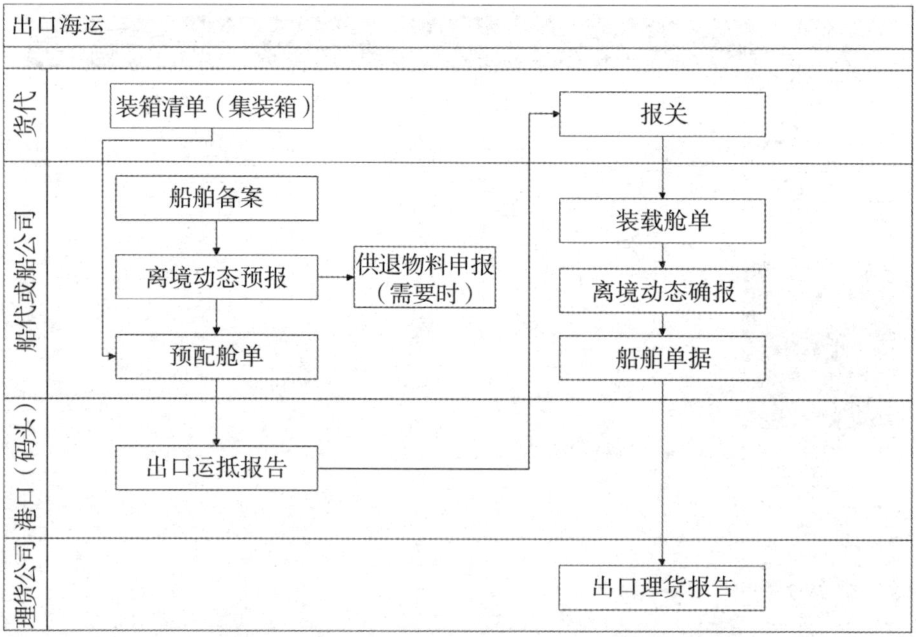
出口海运
货代
船代或船公司
港口（码头）
理货公司
装箱清单（集装箱）
报关
船舶备案
装载舱单
离境动态预报
供退物料申报
（需要时）
离境动态确报
预配舱单
船舶单据
出口运抵报告
出口理货报告

图 5－84

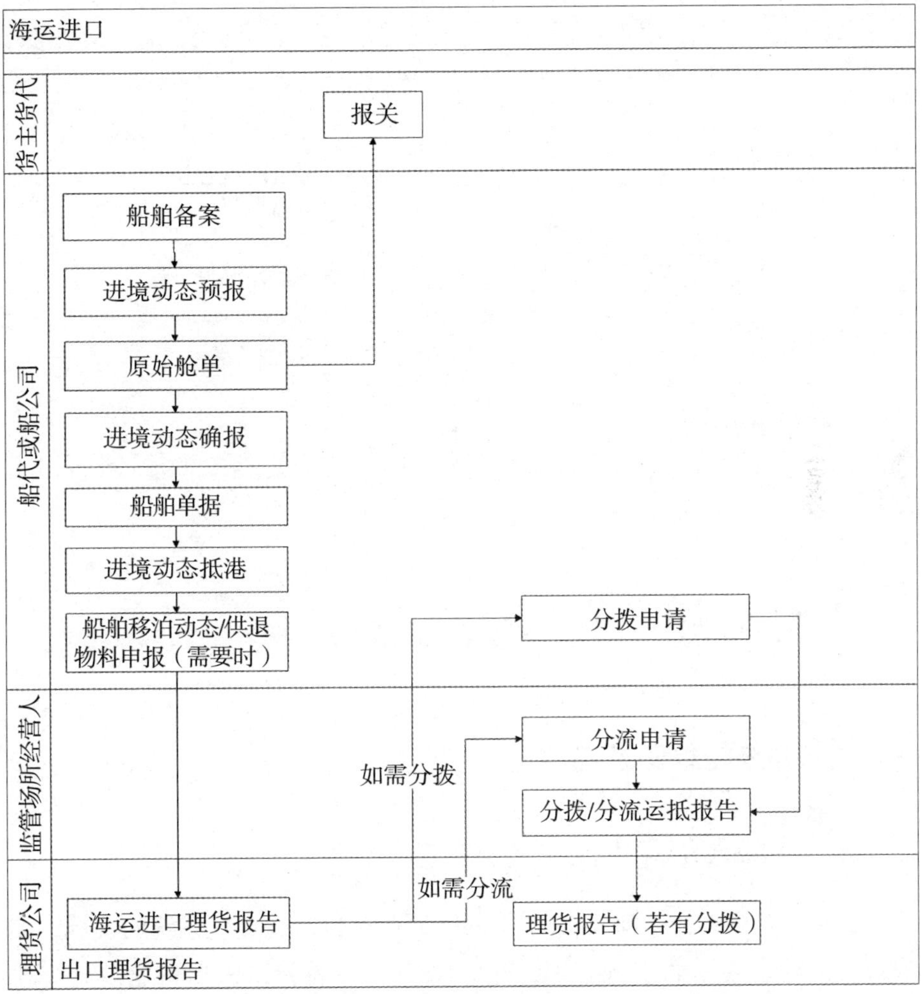

图 5－85

权威发布　为了规范海关对进出境运输工具舱单的管理，促进国际贸易便利，保障国际贸易安全，根据《中华人民共和国海关法》以及有关法律、行政法规的规定，海关总署于2008年4月2日制定了《中华人民共和国海关进出境运输工具舱单管理办法》，海关总署第172号令规定《中华人民共和国海关进出境运输工具舱单管理办法》自2009年1月1日起施行。

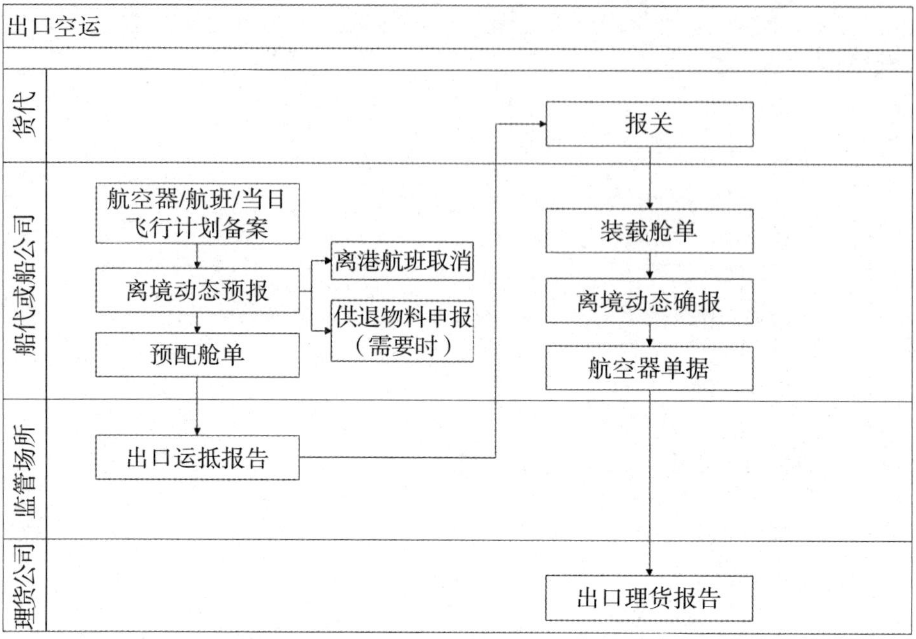

图 5 -86

三、公路舱单子系统

（一）功能简介

公路舱单子系统是海关 H2010 工程重点项目，通过该系统的实施，实现对公路舱单数据的规范管理，建立全国统一的公路进出口舱单管理平台，实现公路进出口舱单及相关单证的企业规范化申报，实现海关的接单、审核、放行核销等一系列业务管理过程的电子化，建立舱单的风险分析，提高公路口岸的物流监控水平。

电子口岸公路舱单申报子系统包括如下单证的录入申报功能：原始舱单、预配舱单、理货报告、车辆进出境确报、装箱清单、运抵报告、落装申请、落装改配等。其中，进口单证包括原始舱单、进口理货报告、载货车辆进境确报、空载车辆进境确报、搭载空集装箱车辆进境确报、进口落装申请、进口落装改配。出口单证包括预配舱单、运抵报告、出口理货报告、载货车辆出境确报、空载车辆出境确报、搭载空集装箱车辆出境确报、装箱清单、出口落装申请、出口落装改配。此外系统还提供了以上单证的状态查询和回执查询功能。

系统功能模块，如图 5－87 所示。

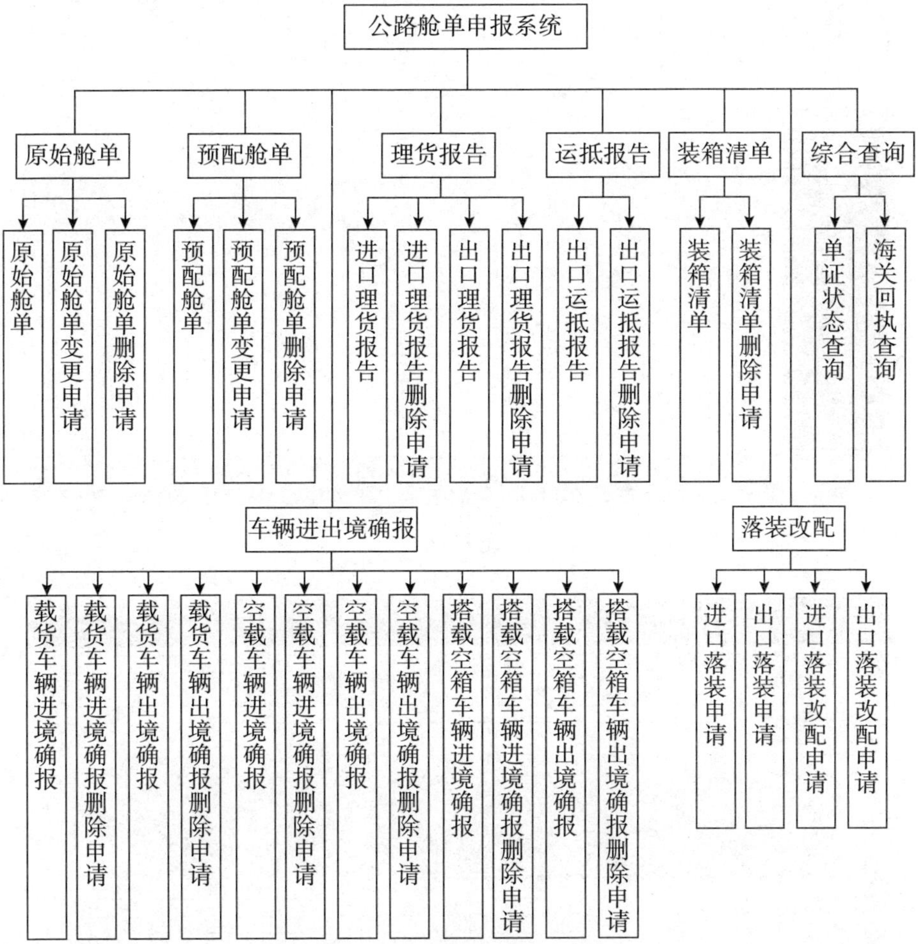

图 5－87

公路舱单申报子系统主界面，如图 5－88 所示。

公路原始舱单录入界面，如图 5－89 所示。

单证状态查询界面，如图 5－90 所示。

（二）业务流程

进口业务流程描述如下。

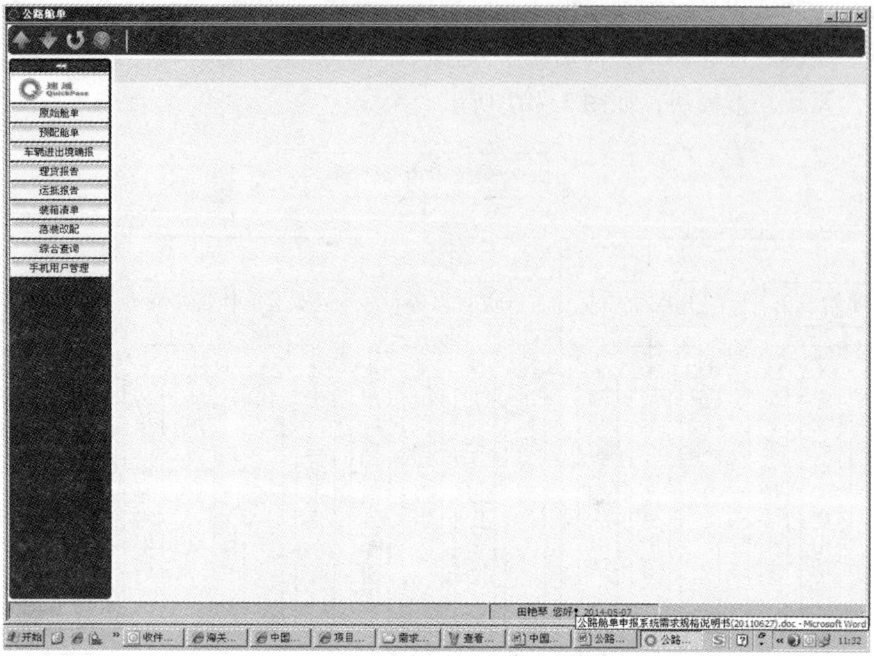
公路舱单
原始舱单
预配舱单
车辆进出境确报
理货报告
运抵报告
装箱清单
落装改配
综合查询
手机用户管理

图 5－88

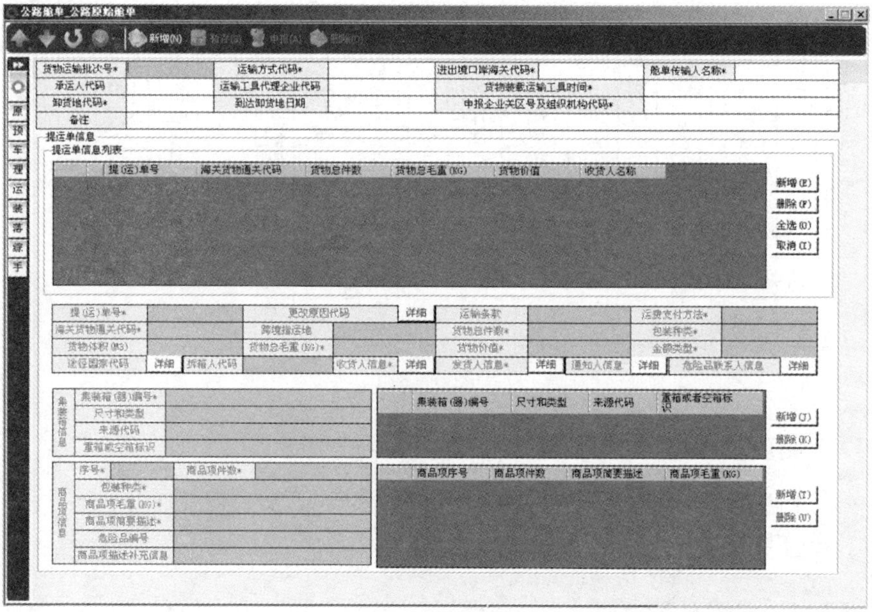
公路舱单_公路原始舱单
货物运输批次号*
运输方式代码*
进出境口岸海关代码*
舱单传输人名称*
承运人代码
运输工具代理企业代码
货物装载运输工具时间*
卸货地代码*
到达卸货地日期
申报企业关区号及组织机构代码*
备注
提运单信息
提运单信息列表
新增(E)
删除(F)
全选(O)
取消(I)
新增(J)
删除(K)
新增(T)
删除(U)

图 5－89

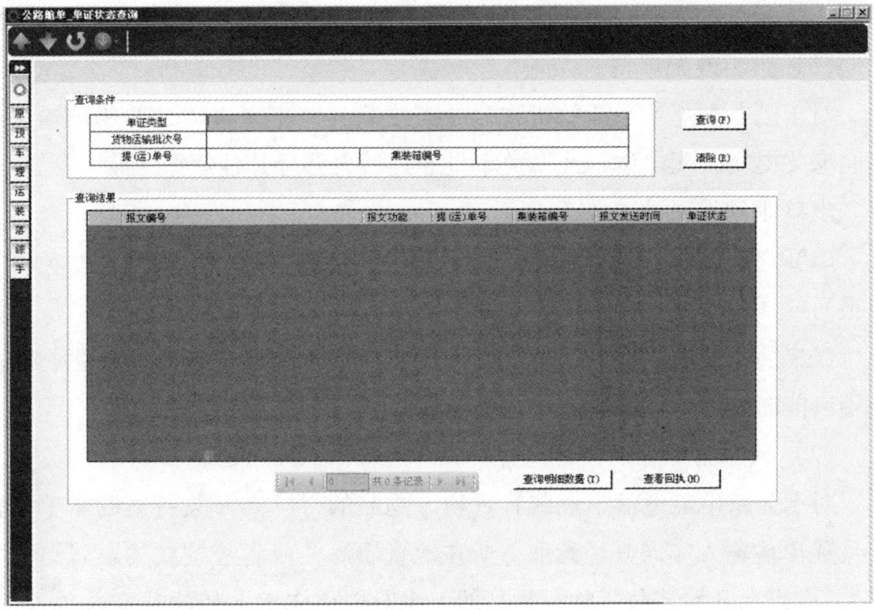

图 5－90

（1）原始舱单。

对于公路进境运输车辆载有货物、物品的，已向海关备案的舱单传输人（舱单传输人应向其经营业务所在地直属海关或者经授权的隶属海关备案），应当在抵达境内第一目的站的 1 小时以前向海关传输原始舱单数据。海关接受原始舱单申报后，对于提前报关的货物可以进行报关单申报业务。

（2）车辆进境确报。

公路进境车辆在抵达公路口岸监管点前，应向海关以电子数据方式提交车辆进境确报，告知海关确切的抵达时间。

（3）理货报告。

已向海关备案的公路理货部门或者海关监管场所经营人（舱单相关传输人应向其经营业务所在地直属海关或者经授权的隶属海关备案）应当在公路进境车辆卸载货物、物品完毕后的 6 小时以内以电子数据方式向海关提交理货报告。对于货到报关的货物，理货报告审批通过后，可以进行进口报关单的申报。

（4）落装申请。

进境某票提运单的货物因特殊原因未能装载到原车辆上进境的，舱单传输人应当向海关提交落装申请。

（5）落装改配申请。

对于已办理落装手续的货物，如需改装其他车辆进境，舱单传输人应当向海关提交改配申请，经海关审批通过后再办理其他后续手续。

出口业务流程描述如下。

（1）装箱清单（仅限于经公路运输的集装箱货物，根据当地海关要求申报）。

以集装箱运输出境的货物、物品，出口货物发货人应当在货物、物品装箱以前向海关传输装箱清单电子数据。

（2）预配舱单。

对于公路出境运输车辆载有货物、物品的，已向海关备案的舱单传输人（舱单传输人应向其经营业务所在地直属海关或者经授权的隶属海关备案），应当在开始装载货物、物品的1小时以前向海关传输预配舱单数据。海关接受预配舱单申报后，对于提前报告的货物可以进行报关单申报业务。

（3）运抵报告。

出境货物、物品运抵海关监管场所时，（已备案的）海关监管场所经营人应当以电子数据方式向海关提交运抵报告。运抵报告提交后，海关即可办理货物、物品的查验、放行手续。

（4）车辆出境确报。

公路出境车辆在驶离设立海关地点2小时以前，应向海关以电子数据方式提交车辆出境确报，将驶离时间通知海关。

（5）理货报告。

已向海关备案的公路理货部门或者海关监管场所经营人应当在公路出境车辆驶离装货港的6小时以内以电子数据方式向海关提交理货报告。

（6）落装申请。

出境某票提运单的货物因特殊原因未能装载到原车辆上出境，舱单传输人应当向海关提交落装申请。

（7）落装改配申请。

对于已办理落装手续的货物，如需改装其他车辆出境，舱单传输人应当向海关提交改配申请，经海关审批通过后再办理其他后续手续。

四、公路运输工具子系统

（一）功能简介

根据海关监管要求，进出境公路运输工具及进出境公/私用公路交通工具企业、来往港澳公路运输工具经营企业和来往港澳公/私用公路交通工具负责人应向海关申报备案数据。海关要求进出境公路运输工具经营企业、进出境公路运输工具服务企业、进出境公/私用公路交通工具负责人、来往港澳公路运输工具经营企业和来往港澳公/私用公路交通工具负责人应向海关办理企业备案申请、运输（交通）工具备案申请、挂车备案申请及驾驶员备案申请。公路运输工具子系统适用全国进出境公路运输企业、车辆、挂车、驾驶员备案，以及来往港澳进出境运输的相关备案。

系统主界面，如图 5－91 所示。

图 5－91

车辆备案申报界面，如图 5－92 所示。

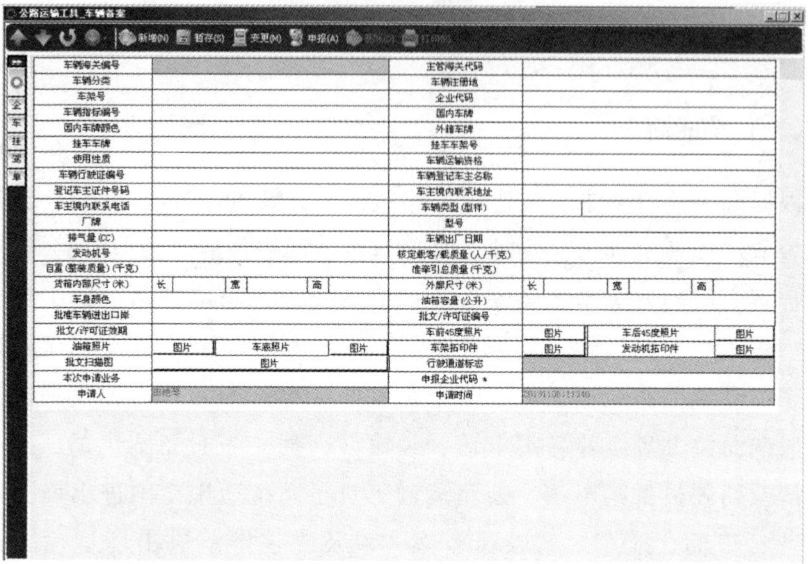

图 5－92

挂车备案申报界面，如图 5－93 所示。

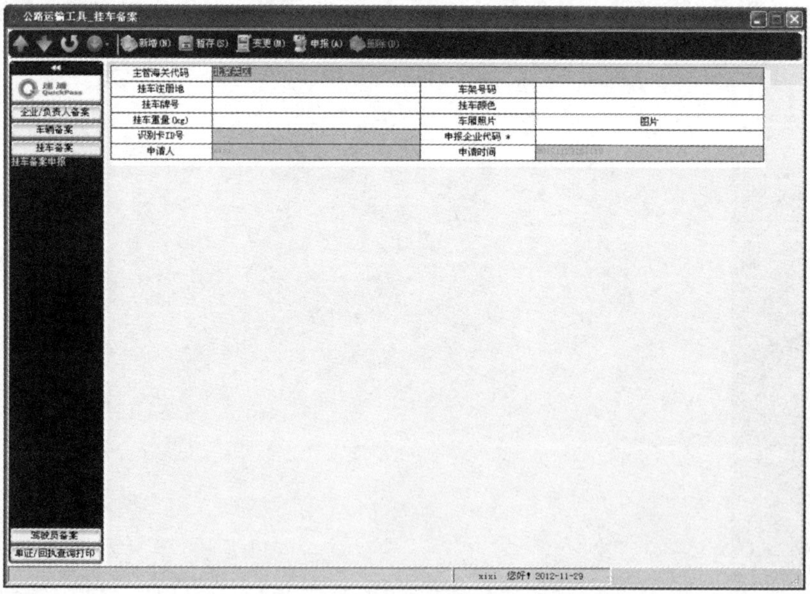

图 5－93

单证回执查询打印界面，如图5－94所示。

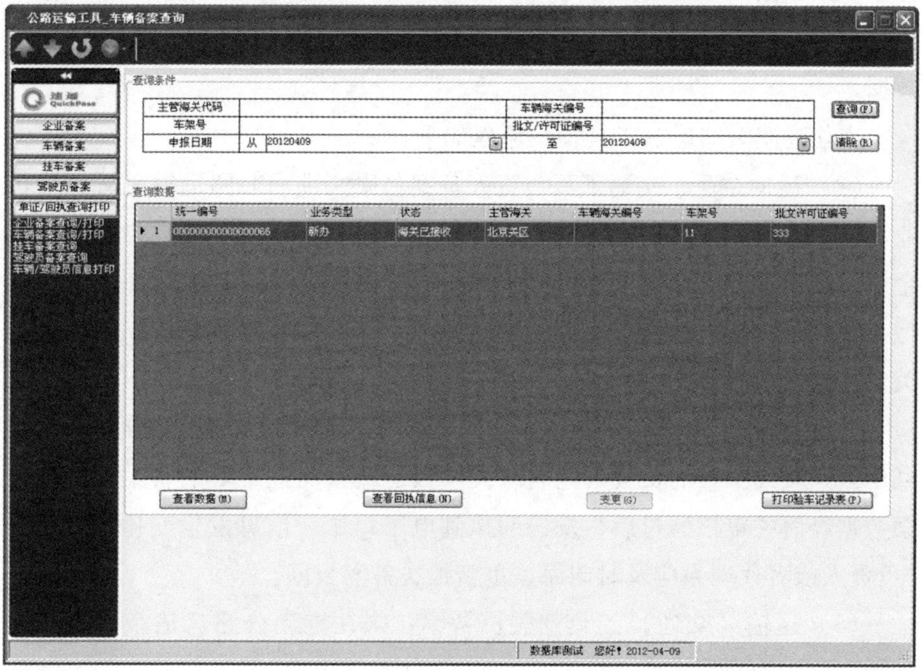

图5－94

（二）业务流程

进出境公路运输（交通）工具备案流程如下。

（1）运输（交通）工具备案（车辆备案，下同）：进出境公路运输工具及进出境公/私用公路交通工具的企业/负责人应向海关发送运输（交通）工具的备案数据。备案数据经海关审核通过后，发送回执到电子口岸。信息发生变化的，企业/负责人或者代理人应及时向海关重新报送备案数据。

（2）驾驶员备案：进出境公路运输工具及进出境公/私用公路交通工具的企业/负责人应向海关发送运输（交通）工具驾驶员的备案数据。备案数据经海关审核通过后，发送回执到电子口岸。驾驶员信息发生变化的，企业/负责人或者代理人应及时向海关重新报送备案数据。

（3）挂车备案：进出境公路运输工具的企业应向海关发送运输工具的挂车备案数据。备案数据经海关审核通过后，发送回执到电子口岸。挂车信息发生变化的，企业/负责人或者代理人应及时向海关重新报送备案数据。

来往港澳公路运输工具备案流程如下。

（1）运输企业、交通工具负责人备案：来往港澳公路运输工具经营企业、来往港澳公/私用公路交通工具负责人需要通过电子口岸向海关申报企业及负责人备案信息。企业/负责人在海关备案后，才能向海关申报其他备案电子数据。信息发生变化的，企业/负责人或者代理人应及时向海关重新报送备案数据。

（2）运输（交通）工具备案：来往港澳公路运输企业、来往港澳公/私用公路交通工具的负责人应向海关申报运输及交通工具的备案信息。备案数据经海关审核通过后，发送回执到电子口岸。信息发生变化的，企业/负责人或者代理人应及时向海关重新报送备案数据。

（3）运输（交通）工具驾驶员备案：来往港澳公路运输企业、来往港澳公/私用公路交通工具的负责人应向海关申报运输（交通）工具及其驾驶员的备案信息。备案数据经海关审核通过后，发送回执到电子口岸。信息发生变化的，企业/负责人或者代理人应及时向海关重新报送备案数据。

小贴士 对于进出境公路运输工具经营企业、进出境公路运输工具服务企业、进出境公/私用公路交通工具负责人，由企业直接持相关单证到海关办理企业备案，无须在电子口岸申报企业备案的电子数据。企业在海关办理备案完毕后，方可通过电子口岸申报运输工具备案申请、挂车备案申请及驾驶员备案申请。

来往港澳公路运输工具经营企业、来往港澳公/私用公路交通工具负责人需要通过电子口岸向海关申报企业及负责人备案信息。企业/负责人在海关备案后，才能向海关申报其他备案电子数据。

第六节　减免税类系统

一、减免税申报子系统

（一）功能简介

减免税申报子系统提供项目备案申请的录入、申报、打印，征免税证明申请的录入、申报、打印，项目备案的变更，项目备案申请和征免税证明申请数据、回执的查询。

系统功能模块，如图 5－95 所示。

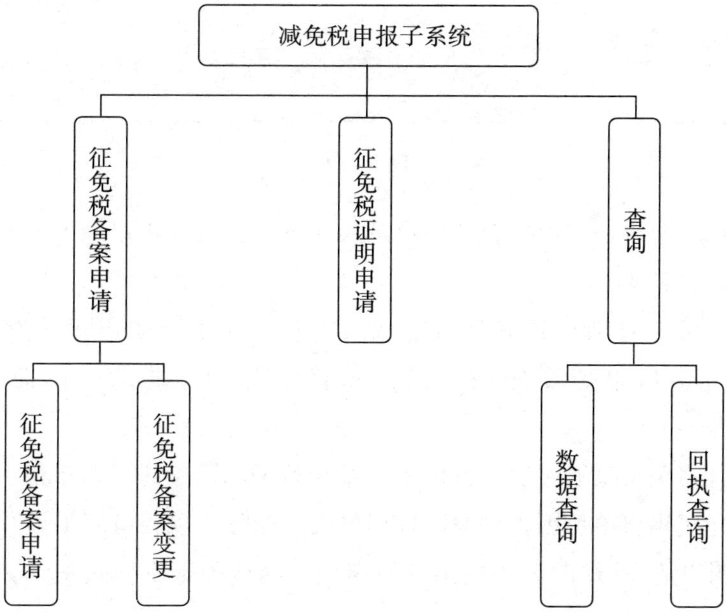

图 5－95

减免税申报子系统主界面，如图 5－96 所示。

（二）业务流程

减免税申报子系统操作流程，如图 5－97 所示。

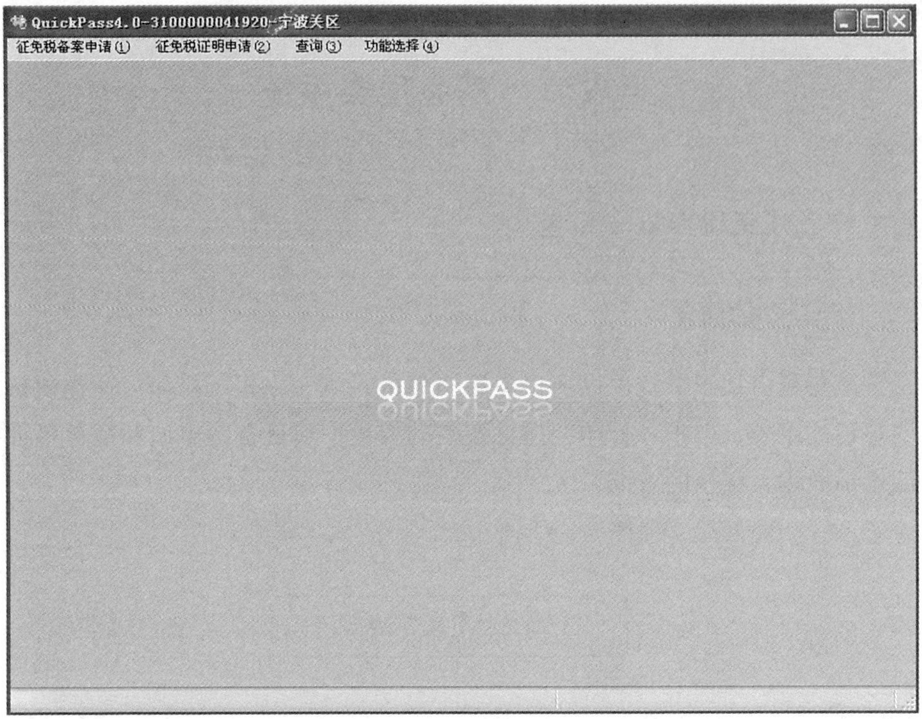

图 5－96

（1）企业将备案申报表交用户录入备案申报表。用户录入备案申报表后，向海关申报审批。

（2）海关对项目备案进行审批后，将征免税证明申报表交进出口单位。进出口单位委托用户录入征免税证明申报表，向海关申报审批。

（3）海关审批通过后，打印出“征免税证明”交进出口单位。

（4）进出口单位因种种原因提出修改、删除“项目备案申请”和“征免税证明申请”，须向海关提出变更申请。经海关审批通过后，方可进行变更。

（5）一证一表方式，进出口单位可从流程（2）开始直接委托用户录入征免税证明申报表，交海关审批，审批通过后企业办理通关业务。

权威发布 为了更好地利用我国政府机关的网络资源，充分发挥中国

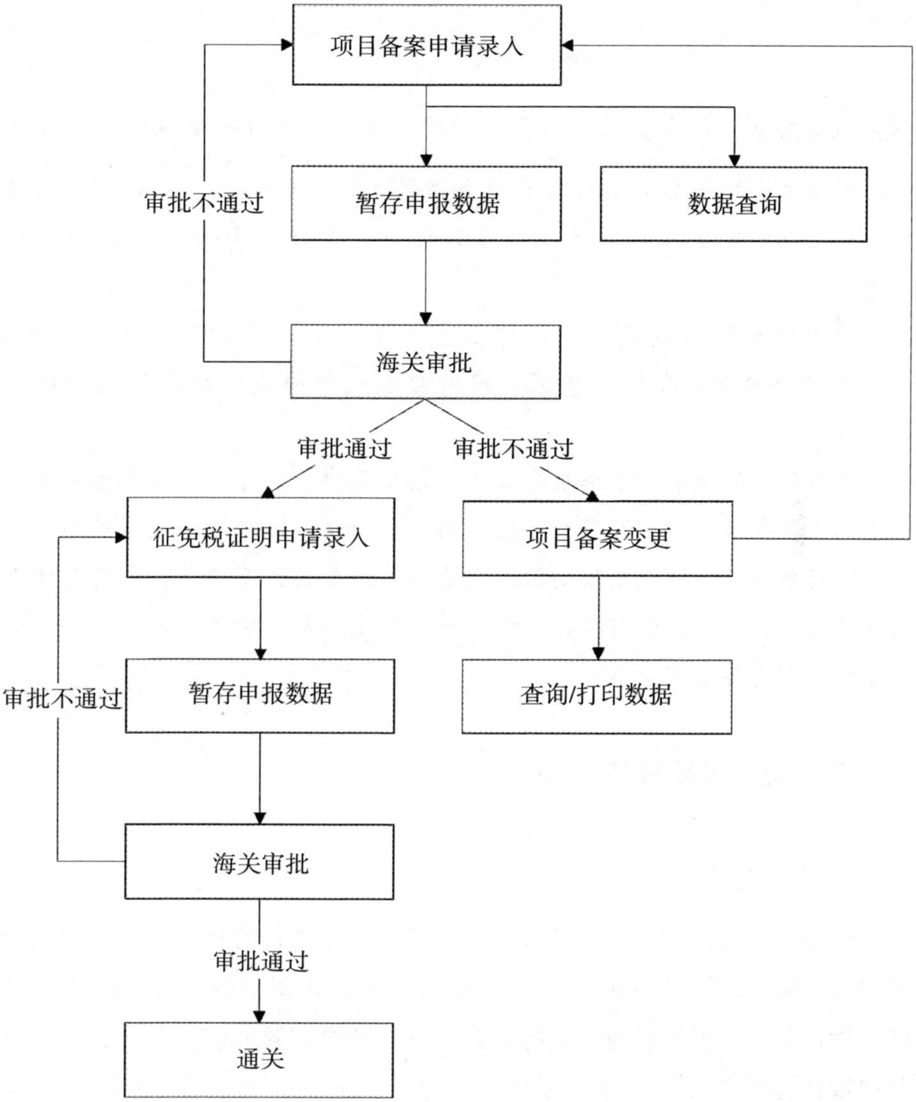

图 5－97

电子口岸数据中心的作用，便于企业开展减免税申报业务，特开发“减免税申报子系统”。该系统与中国电子口岸其他业务系统相连接，改善了原有减免税申报系统录入烦琐、界面复杂的不足，从界面到功能设计都力图达到录入方便，界面简洁，功能齐全的效果。

本系统适用对象：依据国家政策规定享受减免税优惠的企、事业单位等。

权威解读 企业在进行征免税申请之前，先向海关申请进行项目备案，包括项目的基本备案内容和设备及技术清单的内容，海关审核通过后，核发减免税备案登记表，企业再凭备案登记表向海关进行征免税申请。

进出口货物的减免税是指依照我国的法律、法规、相关政策等，而给予进出口货物在进出我国关境时应缴税收的减少征收和免予征收的优惠措施。

进口征免税申请用于企业向海关申报征免税，它分为三种类型：类型一表示无须备案申请，没有额度控制的证明申请，即一证一表；类型二表示有项目备案，受到额度限制但不需要技术清单的证明申请，即有备案无清单；类型三表示不但有项目备案，而且还受到备案中清单的限制的征免税申请，即有备案有清单。

二、减免税后续子系统

（一）功能简介

减免税后续管理子系统是对减免税后续业务进行管理的系统，它实现了对海关减免税后续管理中的贷款抵押、税款担保、解除监管、货物结转、货物退运、年报管理、主体变更、货物补税和异地监管等业务的电子化申报和管理。

系统功能模块，如图 5 –98 所示。

系统主界面，如图 5 –99 所示。

减免税后续子系统具有以下几个功能。

（1）贷款抵押包含贷款抵押申请录入、贷款抵押延期录入。

（2）异地监管申请录入、解除监管申请录入、货物结转申请录入、货物退运申请录入、年报管理申请录入、主体变更申请录入、货物补税申请录入。

（3）税款担保包含税款担保申请录入、税款担保延迟录入。

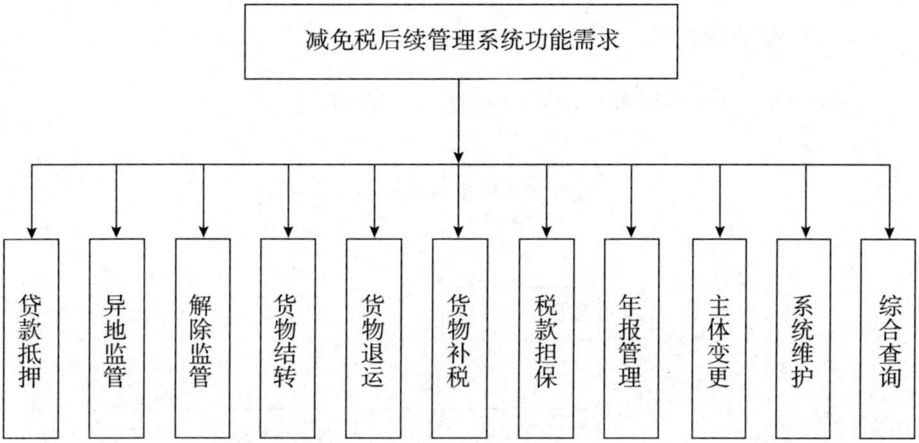

图 5 – 98

图 5 – 99

（4）查询包含数据查询、回执查询、打印查询。

（5）系统维护中包含数据下载。

（二）业务流程

减免税后续子系统操作流程，如图 5－100 所示。

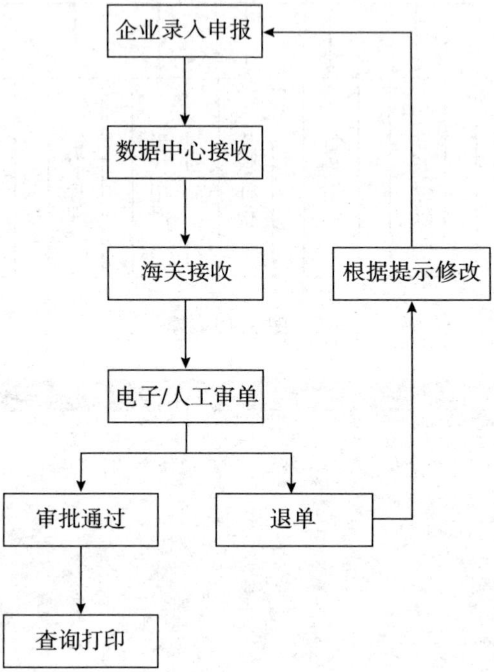

图 5－100

（1）贷款抵押：货主单位将在监管期内的减免税货物作为抵押，向金融机构办理贷款，应事先向海关申请，得到批准后才可办理相关手续。

（2）异地监管：企业将监管期内的减免税货物移放到企业主管海关关区以外的下属机构使用，应事先向主管地海关申请，主管地海关同意后委托监管地海关继续对货物进行监管。

（3）解除监管：企业将监管期内的减免税货物申请解除海关监管，应事先向海关提出申请，如果已经达到监管期，则向企业出具“解除监管证明”，如果未到监管期则补税后出具“解除监管证明”。

（4）货物结转：在减免税货物监管年限内，进口减免税货物的法人单位因故将其进口的减免税货物转让给其他享有减免税优惠待遇的法人单位的行为。

（5）货物退运：减免税申请人，因故需将尚在海关监管期内的减免税进口货物退运出境。

（6）税款担保：减免税申请人已经向海关申请办理减免税备案、审批手续，在主管海关按规定受理期间（包括经批准延长的期限）货物到达进口口岸的，减免税申请人向海关申请暂时交保证金办理货物验放手续。

（7）主体变更：减免税申请人在减免税货物监管期间，因分立、合并、股东变更、改制或其他资产重组活动而导致其法人主体变更或消失的，承担原减免税申请人债权债务关系的新法人主体，应当向原减免税申请人所在地海关报告。按照规定需要补征税款的，新法人主体应当向原减免税申请人所在地海关办理补税手续；按照现行规定可以继续享受减免税待遇的，新法人主体应当办理减免税货物结转手续。

（8）年报管理：企业每年将此前进口的监管期内的减免税货物向海关申报使用情况。

（9）货物补税：因提前解除监管等原因需要补税的，海关办理补征税款的手续。

权威发布 目前，全国海关使用的“减免税管理系统”主要包括项目备案和减免税证明的备案，仅能满足海关内部减免税业务的前期审批管理和部分查询统计功能。

从减免税管理的全过程看，减免税后续管理还停留在手工操作方式，海关无法快速便捷地获得减免税设备及企业的后续信息，管理弊端日益突出，与全面建设现代海关制度的要求不相适应。因此，需要开发减免税后续系统，使新系统的管理功能和相对应的分析统计功能与现代海关制度相适应。

第七节 其他系统

一、系统维护子系统

系统维护子系统是对各个子系统进行系统设置及维护的辅助应用系

统。它的主要功能是对各子系统中，如申报地海关、主管关区等各缺省值的设置。

系统维护子系统主界面，如图 5－101 所示。

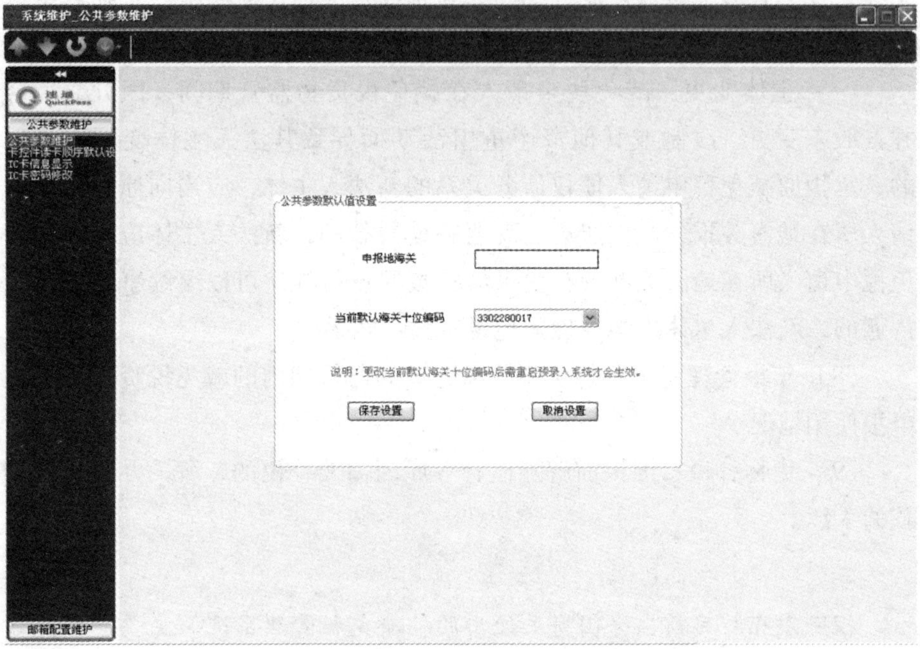

图 5－101

二、系统激活子系统

系统激活子系统提供当前客户端激活信息，包括客户端唯一编号、客户端激活状态、激活码字符串以及激活码序号的查看，未激活的客户端可以通过此子系统进行激活。

用户可通过此系统对客户端所属关区和客户端类型进行变更。系统支持两种变更途径。

（1）使用新的激活码重新激活直接变更。

（2）在“变更选择”区域输入变更信息，提交所属数据分中心审批后进行变更。

系统激活子系统主界面，如图 5 - 102 所示。

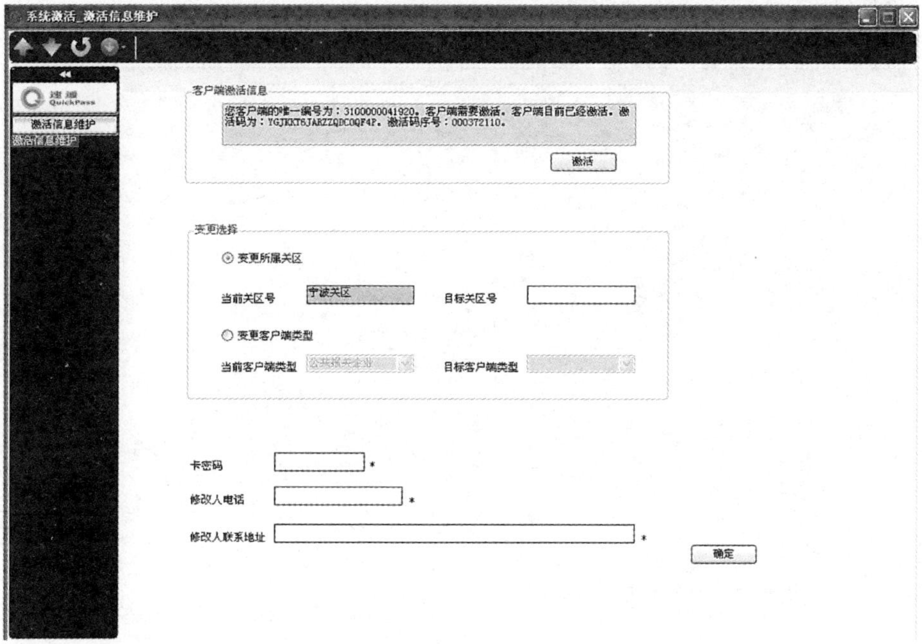

图 5 - 102

三、备案数据下载子系统

备案数据下载子系统主要提供备案数据下载功能，主要包括无纸化手册、电子账册、运输工具、减免税免表、减免税项目、电子手册数据。一般情况在报关单录入无法调用无纸化手册、电子账册、减免税免表数据时，可考虑先通过此子系统进行下载。在子系统中输入备案编号，点击“下载”按钮即可完成操作。

备案数据下载子系统主界面，如图 5 - 103 所示。

四、电子归类预审核申报子系统

电子归类预审核申报子系统向企业提供录入、申报、查询、导入/导出、数据下载等功能。企业录入完毕归类预审核申请数据并申报成功后，

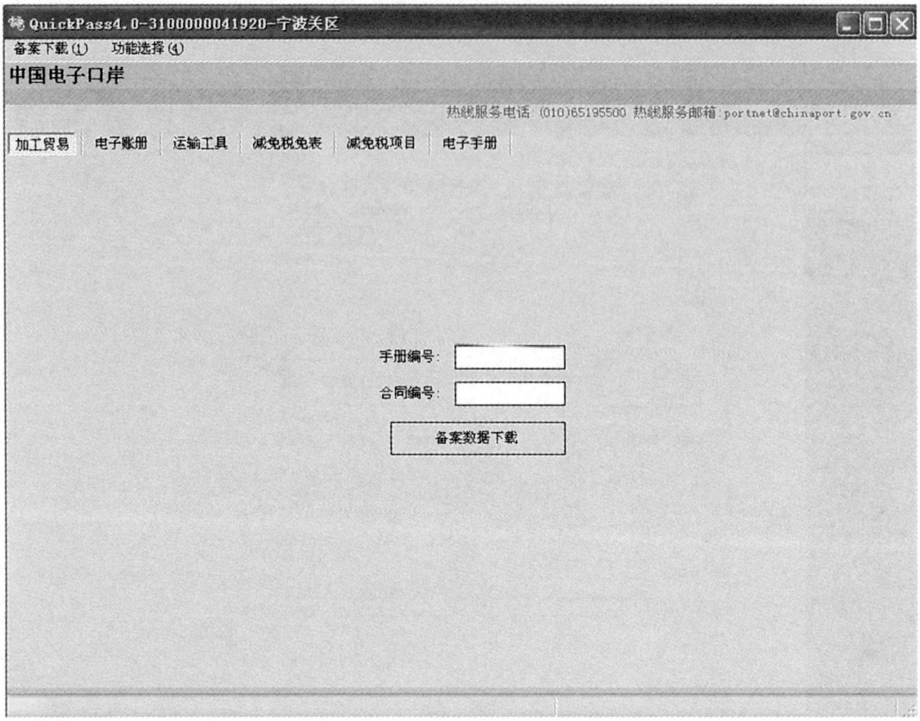

图 5－103

系统直接向海关归类作业平台发送电子数据，海关关员在归类作业平台对接收到的电子数据审批后反馈给系统。

企业可通过查询归类预审核申请数据的审批结果，获得海关反馈的建议税号，以便申报正确的报关单数据。

企业不确定其申报的商品税号时，持有电子口岸操作员卡的进出口企业可以通过电子归类预审核申报子系统向其主管海关申请商品税号。直属海关在归类平台系统中的电子归类预审核申报子系统中完成商品归类预审核，并提供给企业商品的建议税号。

企业通过电子归类预审核申报子系统申请数据，前提是该商品尚未进行实际进出口操作，且企业为其确定的编码在综合分类表中存在，同时其商品中文名称、规格型号从未向海关做过归类申请，即该企业不能就已向海关申报过的、相同的商品中文名称、规格型号再次向海关申请归类审核。

电子归类预审核申报子系统业务流程如下。

（1）企业录入归类预审核申请信息。企业在电子口岸归类系统中录入归类预审核申请信息时，电子口岸归类系统要自动对用户录入的数据进行完整性校验与合法性校验，不能通过校验的，应给予用户提示信息。

（2）企业提交归类预审核申请。企业录入归类预审核申请完毕并通过校验后，提交该申请。企业也可以填充电子口岸提供给企业的标准电子表格，进行批量提交。

（3）电子口岸归类系统把企业提交的申请数据传送到海关管理网上的归类作业平台，由海关关员进行归类审批作业。

（4）海关关员对企业提交的申报数据通过全部审批作业后，正式签发。

（5）归类作业平台将已经签发的归类预审核数据通过电子口岸归类系统反馈至企业。

（6）企业在电子口岸归类系统中查询已提交的归类预审核申请的审批结果。

电子归类预审核申报子系统主界面，如图 5－104 所示。

五、预归类申请子系统

预归类申请子系统主要实现进出口人在商品实际进出口之前，向海关归类部门提交商品归类裁定申请数据，并接受海关退回数据、审批通过的归类意见与归类裁定数据、已由海关维护通过的正式数据。用户可进行归类裁定网上申请，查询已上报、已通过的本企业有关各项归类意见与裁定详细信息。该系统面向进出口企业，是连接企业用户与海关归类作业部门的桥梁，可以达到便捷企业、服务企业、执法公开、执法透明的目的。

本系统的定位是将归类裁定申请人提出申请、海关总署及其授权机构的归类裁定管理、生效归类裁定的对外公布有机结合，形成一套完备的作业管理与发布体系。

图 5－104

预归类申请子系统业务流程如下。

（1）录入申请。由企业录入归类裁定申请信息，系统要对用户输入数据进行完整性校验与合法性校验，不能通过校验的应给予用户提示信息。

（2）提交申请。数据录入完毕并通过校验后，提交该申请。

（3）申报数据传送到归类作业平台，进行归类审批作业。

（4）申报数据通过全部审批作业并正式签发。

（5）将已经签发的归类裁定数据反馈至企业。

（6）申报作业结束。

预归类申请子系统主界面，如图 5－105 所示。

小贴士 预归类申请子系统完整性校验指用户必填项不得为空，合法

图5-105

性校验指商品编码在综合分类表中存在，且商品名称、规格型号与商品归类表对应项进行比较后，不重复。

由海关归类作业平台反馈的已签发正式数据从业务角度上包括两种类型，即“归类裁定书”和“归类意见书”。

第六章　电子口岸建设面临的形势及发展目标

第一节　电子口岸建设面临的形势

经济全球化和区域经济一体化对电子口岸建设提出新挑战。“单一窗口”建设已成为国际组织及各国政府推动贸易便利化、促进国际贸易发展的重要手段。加快推进电子口岸建设，实现具有中国特色的“单一窗口”工程，既是我国积极应对经济全球化和区域经济一体化，有效参与国际经济合作与竞争的客观需要，也是提升贸易便利化水平，促进对外贸易稳定平衡发展的必然要求。

改善我国对外贸易环境对电子口岸建设提出新要求。当前，国际金融危机深层次影响进一步显现，世界政治经济格局重大调整，全球经济增长总体趋缓，贸易保护主义倾向加剧。同时，国内企业生产经营成本攀升，结构调整和转型升级压力加大，外贸发展不稳定和不确定因素增多。面对新形势新挑战，必须进一步改善口岸通关环境，降低贸易成本，提高国际竞争力，促进外贸发展方式转变，这给加快电子口岸建设提出了新的更高的要求。

技术创新与变革为电子口岸发展提供新动力。世界范围内新一轮技术变革正在酝酿，云计算、物联网等新技术的广泛应用已成为推动口岸信息化向高端发展的重要趋势。电子口岸作为口岸信息化综合应用的关键领域，必须充分发挥技术创新的驱动作用，不断推进新技术、新理念的推广应用，以科技创新引领口岸管理创新和服务创新。

党和国家对口岸管理工作提出了更高要求。党的十八届三中全会明确要求口岸管理相关部门要实现“信息互换、监管互认、执法互助”。同时，海关业务改革，诸如京津冀海关区域通关一体化、无纸通关、跨境电子商务、自贸区等，对电子口岸建设提出了新要求，电子口岸建设将以此为契机实现新突破。

第二节　电子口岸的发展目标

电子口岸的总体发展目标是把电子口岸建设成为具有一个“门户”入网、一次认证登录和“一站式”办事等功能，集口岸通关执法管理及相关物流商务服务为一体的大通关统一信息平台，使口岸执法管理更加严密、高效，使企业进出口通关更加有序、便捷，进一步提高我国对外开放水平和国际竞争力。

电子口岸的阶段发展目标是到2015年，使电子口岸平台基础设施进一步完善，电子口岸平台通关、物流、商务功能进一步丰富，企业通关更加高效、有序、便捷，口岸综合执法和服务能力显著提升，符合国际“单一窗口”建设管理规则和通行标准、适应经济社会发展需要的中国特色“单一窗口”工程初步建成，具体来说可以分为三个方面。

第一，基本实现网络化协同口岸监管模式。口岸管理部门信息共享的深度和广度取得重大进展，联网核查和辅助决策内容不断丰富，电子口岸平台与各部门政务外网建设协调发展，口岸管理部门联合监管执法和服务能力显著增强。

第二，基本实现大通关“一站式”服务体系。口岸大通关业务流程进一步优化，数据共享和信息资源利用水平进一步提高，与大通关相关的物流商务服务健康发展，物流协同、商务服务、配套支付等综合服务能力明显增强。

第三，基本形成与电子口岸发展相适应的技术支撑体系。电子口岸平台基础设施进一步完善，网络覆盖范围进一步扩大，平台运行维护及安全保障能力显著提高，整体运行可用率达到99.9%，有效满足电子口岸可持续发展需要。

按照党的十八届三中全会提出的“实现口岸管理相关部门信息互换、监管互认、执法互助”的新要求，根据海关业务改革的新需要，电子口岸建设将进一步完善电子口岸平台基础设施，提高大通关信息共享和业务协同程度，加强电子口岸标准规范建设，丰富电子口岸平台通关、物流、商务功能，进一步提升口岸综合执法和服务能力。

拓展阅读

一、国际上“单一窗口”的建设情况

“单一窗口”是指参与国际贸易的经济主体，在通关时通过一次性向政府管理机构提交标准化信息和单证，以满足相关法律法规及行政管理要求的通关管理模式。也就是说，“单一窗口”的运转基础是单一申报，即从事国际贸易经营的企业在通关时，只需要一次性向贸易管理部门提交标准化信息和单证即可。“单一窗口”是许多发达国家、发展中国家都在积极实践的管理方式，它可以提高贸易效率，能够快捷、方便地完成业务，并促进企业与多个政府管理部门高效的信息沟通。

目前，国际上“单一窗口”建设主要有三种模式。

“单一机构”模式，它以瑞典为代表，即通过一个机构来协调和执行与进出境相关的监管，处理所有的进出口业务，该机构系统在收到企业进出口贸易申报数据后直接进行各项业务处理。

“单一系统”模式，它以美国为代表，即通过一个系统整合、收集、使用并分发与进出境相关的电子数据。

“公共平台”模式，它以新加坡为代表，即进出口企业可以通过一个公共平台向不同的机构一次性申报，上述机构通过该平台将处理结果以电子方式反馈给进出口企业，企业仅需要填制一张电子表格就可以向不同的政府部门申报，申报内容经各政府部门业务系统处理后自动反馈结果到企业的计算机中。

二、区域通关一体化改革介绍

新丝绸之路经济带建设、沿长江黄金水道建设、中欧快线等向西开放通道建设，对区域通关改革提出了更高要求。海关总署落实京津冀协同发展这一重大国家战略，并根据国家推进京津冀区域协同发展的重大战略，加快推进京津冀海关通关一体化改革工作。海关总署通过搭建“一中心、四平台”（区域通关中心和统一的申报平台、风险防控平台、专业审单平台、现场作业平台），打破京津冀海关通关监管作业的关区篱笆，形成执法统一、监管严密、简便高效、覆盖通关全流程的一体化管理机制和运作模式。此模式下三地企业可以自主选择申报、纳税、验放地点，把现在要求企业多次到海关办理的事情，用加强海关之间的工作衔接协调来代替，构筑沿海与内陆外贸对接和产业转移的物流“高速路”，为要素自由流动配置和市场统一提供便利条件，促进京津冀协同发展和京津双城联动发展。

三、通关作业无纸化改革介绍

通关作业无纸化改变了原有现场提交纸质单证的操作方式，让企业不受时间空间的限制，“足不出户”完成报关手续，节省纸质单证的打印、快递、储存成本以及报关人员往返海关费用，同时使货物通关效率显著提高。据统计，正常情况下实施无纸化通关后，进口通关效率提高77.63%，出口通关效率提高86.16%。2014年4月1日起，此项改革措施和试点范围已扩大至全国海关所有业务现场和业务领域，逐步实现通关作业无纸化改革的全覆盖。同时将重点在加快推进监管证件联网核查、简化报关单随附单证、优化完善配套业务制度规范等方面着手，夯实改革基础，进一步释放改革红利，提升货物通关效率和海关监管效能。

四、关检合作“三个一”项目介绍

“三个一”是“一次申报、一次查验、一次放行”的简称。“一次申报”是指一次录入、分别申报，即企业只需一次录入申报数据，依法分别向海关和检验检疫部门发送；“一次查验”是指一次开箱，关检依法查验/检验检疫，即关检双方依法均需要对同一批货物实施查验/检验检疫的，按照“一次到场、一次开箱”原则，海关与检验检疫部门按照各自职责共同进行查验/检验检疫；“一次放行”是指关检联网核放，即对于运抵口岸的货物，海关和检验检疫部门依法分别发出核放信息，企业凭关检的核放信息办理货物提离手续。关检合作“三个一”启动以来，在提高通关效率、降低通关成本、提高口岸通关服务整体效能等方面取得了初步实效。据统计，通过实施“三个一”，企业可减少约30%的关检重复申报项目，申报环节时间可节省约25%～30%，查验环节时间及费用均可节省近半。

附　录

附件　中国电子口岸数据中心各分中心客服热线

序号	分中心	客服热线电话	备注
1	北　京	010－85736363	
2	天　津	022－84201926	
3	太　原	0351－7119002/7119003	
4	石家庄	0311－87869400/87869401	
5	呼和浩特	0471－6982951/6982807	
6	满洲里	0470－2299090	
7	大　连	0411－95198	
8	沈　阳	024－22721753	
9	长　春	0431－84601888	
10	哈尔滨	0451－82381717	
11	上　海	021－962116	
12	南　京	025－9688888	
13	杭　州	0571－95198	
14	宁　波	0574－89099000	
15	合　肥	0551－3549342/3549343	
16	福　州	0591－87082323	
17	厦　门	0592－5653395	
18	南　昌	0791－86307435/86307434	

附件　续1

序号	分中心	客服热线电话	备注
19	青　岛	0532 - 82955188	
20	郑　州	0371 - 65599515	
21	武　汉	027 - 82768383	
22	长　沙	0731 - 84781358（含制卡）	
23	广　州	020 - 83939000	
24	深　圳	0755 - 88295198	
25	拱　北	0756 - 8125566（珠海） 0760 - 88666561（中山）	
26	汕　头	0754 - 88179853（含制卡）	13889955604 （联网企业热线）
27	黄　埔	020 - 82130013	
28	江　门	010 - 95198	
29	湛　江	0759 - 3251071	
30	南　宁	0771 - 5368304/5368324	
31	海　口	0898 - 66285058	
32	重　庆	023 - 67709530	
33	成　都	028 - 85390333	
34	贵　阳	0851 - 5786091	
35	昆　明	0871 - 3016523	
36	拉　萨	0891 - 95198	
37	西　安	029 - 83196201	
38	兰　州	0931 - 7705234	
39	西　宁	0971 - 8866400	
40	银　川	0951 - 5679148	
41	乌鲁木齐	0991 - 3627333	

书目介绍

乐 贸 系 列

书名	作者	定价	书号	出版时间
外贸职场高手系列				
1. 外贸菜鸟成长记(0~3岁)	何嘉美	35.00元	978-7-5175-0070-4	2015年6月第1版
2. JAC外贸工具书——JAC和他的外贸故事	JAC	45.00元	978-7-5175-0053-7	2015年7月第1版
外贸操作实务子系列				
1. 实用外贸技巧助你轻松拿订单(第二版)	王陶(波锅涅)	30.00元	978-7-5175-0072-8	2015年7月第2版
2. 外贸全流程攻略——进出口经理跟单手记	温伟雄	33.00元	978-7-5175-0015-5	2014年5月第1版
3. 出口营销实战(第三版)	黄泰山	45.00元	978-7-80165-932-3	2013年1月第3版
4. 外贸实务疑难解惑220例	张浩清	38.00元	978-7-80165-853-1	2012年1月第1版
5. 外贸高手客户成交技巧	毅 冰	35.00元	978-7-80165-841-8	2012年1月第1版
6. 报检七日通	徐荣才 朱瑾瑜	22.00元	978-7-80165-715-2	2010年8月第1版
7. 外贸业务经理人手册(第2版)	陈文培	39.00元	978-7-80165-671-1	2010年1月第1版
8. 外贸会计实务精要	疏 影	28.00元	978-7-80165-633-9	2009年5月第1版
9. 外贸实用工具手册	本书编委会	32.00元	978-7-80165-558-5	2009年1月第1版
10. 外贸七日通(最新修订版)	黄海涛(深海鱿鱼)	22.00元	978-7-80165-397-0	2008年8月第3版
11. 金牌外贸业务员找客户——17种方法·案例·评析	陈念祥 张思羽	35.00元	978-7-80165-543-1	2008年8月第2版
12. 出口营销策略(《出口营销实战》升级版)	黄泰山 冯斌	35.00元	978-7-80165-459-5	2008年5月第1版
13. 进口实务操作指南——步骤·实例·经验技巧	中国进口网	55.00元	978-7-80165-493-9	2008年5月第1版
出口风险管理子系列				
1. 轻松应对出口法律风险	韩宝庆	39.80元	978-7-80165-822-7	2011年9月第1版
2. 出口风险管理实务(第二版)	冯 斌	48.00元	978-7-80165-725-1	2010年4月第2版
3. 50种出口风险防范	王新华 陈丹凤	35.00元	978-7-80165-647-6	2009年8月第1版

书名	作者	定价	书号	出版时间

外贸单证操作子系列

书名	作者	定价	书号	出版时间
1. 跟单信用证一本通	何源	35.00 元	978-7-80165-849-4	2012 年 1 月第 1 版
2. 信用证审单有问有答 280 例	李一平　徐珺	37.00 元	978-7-80165-761-9	2010 年 8 月第 1 版
3. 外贸单证经理的成长日记	曹顺祥	38.00 元	978-7-80165-716-9	2010 年 3 月第 1 版
4. 外贸单证解惑 280 例	龚玉和　齐朝阳	38.00 元	978-7-80165-638-4	2009 年 7 月第 1 版
5. 信用证 6 小时教程	黄海涛（深海鱿鱼）	25.00 元	978-7-80165-624-7	2009 年 4 月第 2 版
6. 跟单高手教你做跟单	汪　德	32.00 元	978-7-80165-623-0	2009 年 4 月第 1 版

福步外贸高手子系列

书名	作者	定价	书号	出版时间
1. 巧用外贸邮件拿订单	刘　裕	45.00 元	978-7-80165-966-8	2013 年 8 月第 1 版
2. 小小开发信　订单滚滚来——外贸开发信写作技巧及实用案例分析	薄如骢	26.00 元	978-7-80165-551-6	2008 年 8 月第 1 版
3. 外贸技巧与邮件实战	刘　云	28.00 元	978-7-80165-536-3	2008 年 7 月第 1 版

国际物流操作子系列

书名	作者	定价	书号	出版时间
1. 货代高手教你做货代——优秀货代笔记（第二版）	何银星	33.00 元	978-7-5175-0003-2	2014 年 2 月第 2 版
2. 国际物流操作风险防范——技巧・案例分析	孙家庆	32.00 元	978-7-80165-577-6	2009 年 4 月第 1 版
3. 集装箱运输与海关监管	赵　宏	23.00 元	978-7-80165-559-2	2009 年 1 月第 1 版

通关实务子系列

书名	作者	定价	书号	出版时间
1. 外贸企业轻松应对海关估价	熊　斌　赖　芸　王卫宁	35.00 元	978-7-80165-895-1	2012 年 9 月第 1 版
2. 报关实务一本通（第 2 版）	苏州工业园区海关	35.00 元	978-7-80165-889-0	2012 年 8 月第 2 版
3. 如何通过原产地证尽享关税优惠	南京出入境检验检疫局	50.00 元	978-7-80165-614-8	2009 年 4 月第 3 版
4. 海关进出口商品归类基础与训练	温朝柱	36.00 元	978-7-80165-496-0	2009 年 1 月第 1 版
5. 最新报关单填制实用辅导	盛新阳　彭飞	38.00 元	978-7-80165-497-7	2008 年 10 月第 1 版
6. 最新商品归类技巧	赵　宏	38.00 元	978-7-80165-520-2	2008 年 9 月第 1 版

书名	作者	定价	书号	出版时间

彻底搞懂子系列

书名	作者	定价	书号	出版时间
1. 彻底搞懂信用证（第二版）	王腾　曹红波	35.00 元	978-7-80165-840-1	2011 年 11 月第 2 版
2. 彻底搞懂中国自由贸易区优惠	刘德标　祖月	34.00 元	978-7-80165-762-6	2010 年 8 月第 1 版
3. 彻底搞懂贸易术语	陈　岩	33.00 元	978-7-80165-719-0	2010 年 2 月第 1 版
4. 彻底搞懂海运航线	唐丽敏	25.00 元	978-7-80165-644-5	2009 年 7 月第 1 版
5. 彻底搞懂提单	张敏　赵通	29.80 元	978-7-80165-602-5	2009 年 6 月第 1 版
6. 彻底搞懂关税	孙金彦	29.00 元	978-7-80165-618-6	2009 年 6 月第 1 版

外贸英语实战子系列

书名	作者	定价	书号	出版时间
1. 十天搞定外贸函电	毅　冰	38.00 元	978-7-80165-898-2	2012 年 10 月第 1 版
2. 外贸高手的口语秘籍	李　凤	35.00 元	978-7-80165-838-8	2012 年 2 月第 1 版
3. 外贸英语函电实战	梁金水	25.00 元	978-7-80165-705-3	2010 年 1 月第 1 版
4. 外贸英语口语一本通	刘新法	29.00 元	978-7-80165-537-0	2008 年 8 月第 1 版

外贸谈判子系列

书名	作者	定价	书号	出版时间
1. 外贸英语谈判实战	王慧　吴旻　张海军　蒋晓杰　仲颖	32.00 元	978-7-80165-767-1	2010 年 9 月第 1 版
2. 外贸谈判策略与技巧	赵立民	26.00 元	978-7-80165-645-2	2009 年 7 月第 1 版

国际商务往来子系列

书名	作者	定价	书号	出版时间
国际商务礼仪大讲堂	李嘉珊	26.00 元	978-7-80165-640-7	2009 年 12 月第 1 版

贸易展会子系列

书名	作者	定价	书号	出版时间
外贸参展全攻略——如何有效参加 B2B 贸易商展（第二版）	钟景松	33.00 元	978-7-80165-779-4	2010 年 10 月第 2 版

区域市场开发子系列

书名	作者	定价	书号	出版时间
中东市场开发实战	刘军　沈一强	28.00 元	978-7-80165-650-6	2009 年 9 月第 1 版

国际结算子系列

书名	作者	定价	书号	出版时间
1. 国际结算函电实务	周红军　阎之大	40.00 元	978-7-80165-732-9	2010 年 5 月第 1 版
2. 出口商如何保障安全收汇——L/C、D/P、D/A、O/A 精讲	庄乐梅	85.00 元	978-7-80165-491-5	2008 年 5 月第 1 版